高校英语教学信息化与产出导向法的应用

詹芸芸　著

吉林出版集团股份有限公司 | 全国百佳图书出版单位

图书在版编目（CIP）数据

高校英语教学信息化与产出导向法的应用 / 詹芸芸著. -- 长春 : 吉林出版集团股份有限公司, 2023.7
ISBN 978-7-5731-3966-5

Ⅰ. ①高… Ⅱ. ①詹… Ⅲ. ①英语－教学研究 Ⅳ. ①H319.3

中国国家版本馆CIP数据核字(2023)第140815号

高校英语教学信息化与产出导向法的应用

GAOXIAO YINGYU JIAOXUE XINXI HUA YU CHANCHU DAOXIANG FA DE YINGYONG

著　　者　詹云云
出 版 人　吴　强
责任编辑　孙　璐　王　博
开　　本　710 mm × 1000 mm　1/16
印　　张　12.25
字　　数　220千字
版　　次　2023年7月第1版
印　　次　2023年9月第1次印刷

出　　版　吉林出版集团股份有限公司
发　　行　吉林音像出版社有限责任公司
（吉林省长春市南关区福祉大路5788号）

电　　话　0431-81629679
印　　刷　吉林省信诚印刷有限公司

ISBN 978-7-5731-3966-5　　定　　价　55.00元

前　言

信息技术逐渐渗透到社会生活的各个领域，并不断改变着人们的生产、生活方式和思维、学习的方式。而思维和学习方式的改变，也将带动教育教学方式发生相应的变革。目前，以教育的信息化来深化教育改革，已成为当前教育发展的趋势。教学作为教育活动的重要方面，对教学信息化日益成为人们关注的焦点。信息化技术的发展为我国大学英语教学思维的转变、教学效果的提升提供了新的思路和可实现的必要条件。

大学英语教学应顺应时代潮流，开展以计算机和多媒体为代表的信息化教学，改善目前的教学状况，提高教学效率，培养学生的英语综合能力。现在，英语教学信息化的实施已经成为大学英语教学的焦点，也是大学英语教学改革与发展的总体态势，而在信息化时代背景下如何促进信息技术与大学英语教学的有效整合，是大学英语教学实行改革，并培养面向信息化社会英语人才的一项重要任务。除此之外，大学英语教师在探索教学新方法和新思路的过程中，利用产出导向法，既能有效改善传统教学中的不足，也能最大限度地满足大学英语改革的要求，在提升英语课堂教学质量的同时，为社会输人源源不断的多元化人才。本书即针对高校英语教学信息化与产出导向法的应用进行一定的研究与分析。

全书共分为六章。第一章是信息化教育概述，主要对信息时代的教学变革、信息化教育的基本理念与原则、信息化教育环境支持下的教学结构以及信息化教育与传统教育的差异进行整体阐述。第二章是高校英语信息化教学模式研究，主要包括信息技术与高校英语教学设计的整合意义、现代信息技术下高校英语教学模式的理论框架、高校英语信息化教学模式的构建路径等内容。第三章是高校英语信息化教学模式，主要对高校英语翻转课堂教学模式、微课教学模式、慕课教学模式以及动态分层教学模式进行分析。第四章是高校英语信息化教学方法研究，包括教学方法概述、信息化教学方法概述以及高校英语信息化教学方法等。第五章是“产出导向法”的理论体系，主要包括“产出导向法”的基本定义、教学理念、三个教学假设、教学流程以及教学效果评价等内容。第六章是“产出导向法”视域下高校英语技能教学研究，主要对大学英语听说读写教学进行简要概述，并对“产出导向法”在大学英语听力教学、口语教学、精读教学、泛读教学以及写作教学中的应用进行了阐述。

本书内容全面翔实，侧重点十分清晰，语言简洁明了，通俗易懂，并且十分重视理论与实践相结合，具有一定的科学性与实用性。

本书在编写过程中，借鉴了很多相关的权威资料以及国内外专家、学者的研究成果，在此真诚地表示感谢！由于作者能力有限，加之时间比较仓促，书中难免会出现些许不妥或疏漏之处，敬请广大的读者朋友批评与指正。

詹芸芸

2023年4月

目　录

第一章 信息化教育概述

自20世纪中叶以来，以电子计算机和通信技术为代表的现代信息技术的出现带来了“信息技术革命”，使当今世界发生了人类有史以来最为迅速、广泛、深刻的变化，人类社会迅速进入了信息社会。信息技术的飞速发展，对社会的各个领域，以及人类生活的各个方面都产生了巨大影响。信息技术在教育中的应用引起了教育教学的深刻变革，信息化教育就是随着“信息高速公路”的发展被提出来的，它是以现代信息技术在教育教学中的广泛应用为特征的新的教育形态，是教育适应信息社会发展的必然结果。

第一节 信息时代的教学变革

一、基础教育课程改革的背景

基础教育，包括学前教育、小学教育、初中教育和高中教育，是我国教育改革与发展的重要组成部分。我国历来重视基础教育的改革与发展。1949年以后，我国先后进行了八次课程改革，每次都取得了历史性的成就。随着我国改革开放和社会主义现代化建设的深入发展，其中第八次课程改革启动于1999年。第八次课程改革较以往七次课程改革有较大的不同，它是在历时一年多的广泛调研基础上，分析比较了国内外基础教育的现状，肯定了我国已取得的成绩，但也指出了一些不足。

在以往的课程改革中，我国基础教育课程的主要优势体现在知识、技能、解题能力以及勤奋刻苦等方面，而忽视了学生的实践能力、创造能力、情感价值观等方面的培养。于是，新课程改革提倡素质教育，突出学生的创新精神、实践能力等。第八次基础教育课程改革启动于世纪之交，那么，究竟是什么推动着基础教育课程改革的发展呢？

(一) 传统课程目标设计的缺失：课程目标转型的必然性

多年来，我国基础教育教学方式一直沿用苏联凯洛夫的五段教学（激发动机—复习旧课—讲授新课—运用巩固—检查效果）模式，这种教学模式是把知识传授和技能训练这类认识性任务看成课堂教学的中心或目的，采取“填鸭式”的教学方式，将教材中的知识点讲“深”讲“透”，期望学生记住知识并按教案设想回答问题和做题练习，其结果是在教师“完成任务”的同时让学生背上沉重的记忆包袱。这种教学方式有以下不足：

（1）注重知识与技能的目标培养，忽视了学生的社会性、价值观和创造性。

（2）课程内容“难、繁、偏、旧”，并且注重书本知识，脱离了学生经验。

（3）强调学科本位、不同学科的独立性，科目过多，忽视了科学、艺术和道德之间的联系，忽视了学科之间的整合性和关联性。

（4）学生主体地位没能充分体现出来，自主学习、探究学习、协作学习等学习方式较少。这种教学形式体现了教师的主体作用及地位，有利于教师对课堂教学的组织、管理和控制，但忽视了学生的主动性和创造性，较少考虑学生的学习能动性，使学习过程的主体——学生更多的是处于比较被动的地位，缺少了对课堂教学的过程与方法、情感态度与价值观等目标的设计及培养。

第三次全国教育工作会议提出以提高国民素质为根本宗旨，以培养学生的创新精神和实践能力为重点，要使学生生动活泼、积极主动地得到发展。因此，为全面推进素质教育，集中体现教育教学的目标和要求，制约着学生的学习活动方式、制约着学生对学习内容的体验和感悟、制约着学生的发展方向和结果的课程目标必须实现转型，必须指向学生的积极主动、创造性学习和发展，这是时代的客观要求。由此，我国新一轮基础教育课程改革才能达到理想的预期。

(二) 人的积极主动发展：时代发展的客观要求

1.新经济时代对人的素质发展提出了新的挑战

新经济时代是以现代科技为核心，建立在知识生产、处理和传播、应用基础上的经济。它一方面引起了产业结构和就业结构的变化。产业结构和就业结构的变化需要更多的中高级人才，这就要求大大提高人的科学文化水平；另一方面，新经济的主要推动力是人的知识、智慧、技术、能力和管理策略等，它特别要求人具备获取知识和信息的能力、变革和创新的能力、适应快速变化的社会的能力。

2.人自身发展完善的需要

当今社会已进入了一个以人为中心的发展时代，人自身的发展受到了前所未有的关注。”在信息时代，人的发展是社会发展的手段，更是社会予以保证的每个人的基本权利；既是社会对人提出的要求，也是人自身完善的需要。

（三）终身教育的发展：国际教育改革的共同目标

教育在个人生活中的地位越来越重要，因为它在促进现代社会发展方面的作用越来越大。我们通常把一生划分为几个不同时期（接受学校教育的儿童和青年时期，成年职业活动时期和退休时期）的做法不再符合现代社会的实际情况，更不符合未来的要求。从国际教育改革和发展趋势来看，教会学生学习、教会学生积极主动地发展是世界各国的共同目标。终身教育不是一种遥远的理想，而是在以一系列强化这种教育需要的变革为标志的复杂教育环境中日趋形成的一种现实。随着社会经济和科学技术的发展，人才的素质要求越来越全面，越来越完善。课程目标不仅要关注知识的获得，而且要关注学生态度的形成、品德的提升和情感的陶冶，学生态度的形成、品德的提升、情感的陶冶将比知识的获得更为重要。另外，科技进步和由于寻求更大的竞争性而造成的生产过程的改变导致个人在基础教育期间获得的知识和技能很快过时，并要求发展职业继续培训才能面对知识不断更新的挑战。学习成为贯串人一生的事情，课程目标不仅要关注学生素质发展的全面完善以及个性的健康和谐发展，更为重要的是让学生愿意学习，学会学习，掌握学习的方法、技能和正确的态度，能够积极主动地学习。基础教育是为学生的成长和发展打基础的阶段，成功的基础教育能够激起学生继续学习的欲望。这种欲望促使人们在正规教育系统中继续学习。如果基础教育要为学生的继续学习提供不竭的动力，那么其课程目标就必须指向学生的积极主动学习和终身学习，把眼光放在培养学生现代生活意识以及态度、决策、交往、创造、应变等方面的素质，使学生适应未来社会生活的需要。

国外有关研究报告认为，在21世纪，“为了与其整个使命相适应，教育应围绕四种基本学习加以安排；可以说，这四种学习将是每个人一生中的知识支柱”。这四种学习即学会求知、学会做事、学会共同生活、学会生存。

1.学会求知：掌握认识世界的工具；

2.学会做事：掌握处理人际关系、社会行为、集体合作态度、管理和解决矛盾的能力；

3.学会共同生活：培养在人类活动中的参与和合作精神；

4.学会生存：适应和改造自己的环境，充分发挥个人的才能和尽可能牢牢地掌握自己的命运所需要的思想、判断、感情和想象方面的自由。

教育的四个支柱不能只涉及生命的某个阶段或单独某一处，对教育的各个阶段和领域应重新思考，使其相互补充、相互渗透，从而使每个人在一生中能够充分利用范围不断扩大的教育环境。教育应该成为受教育者个人和社会成员在认识和实践方面的一种全面的、终生持续不断的经历。

二、信息技术的迅速发展

1945年，在美国生产了第一台全自动电子数字计算机“埃尼阿克”。埃尼阿克体积3000立方英尺，占地170平方米，重30吨，是一个名副其实的“庞然大物”。但埃尼阿克的问世具有划时代的意义，表明计算机时代的到来，在以后的几十年里，计算机技术发展异常迅速。有专家认为，在人类科技史上还没有一种学科的发展速度可以与电子计算机的发展速度相提并论。

信息技术的发展引起了人类社会全面而深刻的变革，促进了社会的进步，使人类社会由工业社会迈向信息社会。在信息社会，几千年来形成的信息传递方式、人际间的沟通方式和社会管理组织方式等诸多方面都发生了极大的变化，并深刻地影响着社会经济生活的运行和民主政治建设的发展。信息资源已经成为与物质资源同等重要的资源。信息高速、广泛传送的特点，使世界形成了一个没有边界的信息空间。随着知识创新和技术创新的不断推进，物质生产与知识生产相结合，硬件制造与软件制造相结合，传统经济与信息网络技术相结合，形成推动21世纪经济和社会发展的强大动力。

人类社会信息总量的猛增，计算机功不可没。21世纪是信息化的世纪，信息是政治、经济、文化、意识形态、价值观的载体。在信息时代，信息已成为重要的战略资源，信息产业成为国家的支柱产业，信息安全成为最重要的安全因素，信息网络成为国家重要的战略基础设施。

第二节　信息化教育的基本理念与原则

一、信息化教育的基本理念

（一）信息化教育的内涵

网络技术的迅速普及和广泛应用，促进了整个社会信息化的发展。“社会信息化”广泛体现于各个行业，同时也促进了“信息化教育”的发展，政府也通过各种形式促进信息化教育的发展，充分体现了信息化教育的重要性。信息化教育指在教育领域（教育管理、教育教学和教育科研）全面深入地运用现代信息技术来促进教育改革与发展的过程。信息化教育充分体现着信息技术的特点，要求教育中必须充分体现数字化，要求信息传输网络化，教育过程体现智能化，教育形式实现多媒体化，充分体现开放、交互、协作和共享的特点。通过信息化教育水平的提高来实现教育现代化，促进教育改革，实现教育目标。国家也多次发布相关规划、政策、法规来布局信息化教育工作，促进信息化教育发展。同时，国家教育部每年都印发信息化教育工作要点，以指导我国信息化教育工作。

（二）信息化教育是教育发展的必然趋势

信息化教育的时代已经来临，大力推进信息化教育不仅是社会发展的需要，而且是学校发展和师生发展的需要。教育必须通过信息化实现教育现代化。信息化技术在教育中的角色发生了转变，从学习对象转变为学习工具；从传递教学信息的媒体转变为学习的资源和环境。借助信息化教育技术，引进先进的教育理念、教育资源、教育手段；提高教师素质，提高课堂效率，提高教育质量；拓宽学生视野，增强学生适应未来的能力，是教育发展的必然趋势。

（三）信息化教育的教学理念

现代教学理念是随着现代教学理论的发展而出现的，是“以人为本、以学生为本”的教学理念。主要表现在以下几个方面：

1.强调学生的主体地位

传统教学以教师的“教”为中心，教师是教学活动的主体。建构主义理论认为，学生是教学活动的积极参与者和知识的建构者，教学应当以学生的“学”为主要任务，学生是教学过程的主体，一切教学活动都要围绕学生的“学”来展开。在现代教学中，学生是具体的、有丰富个性的、不断发展的认识主体，是具有主观能动性的独立个体和群体。教学是学生在教师指导下，有目的地获取对客观世界认识的知识，发展社会适应性的能动过程。学生的主体性在教学过程中具体表现为自主性、主动性和创造性。

2.由强调知识的积累和技能的训练向学生主动建构转变

建构主义学习理论认为，知识不是通过教师传授得到的，而是学习者在一定的情境即社会文化背景下，借助其他人（包括教师和学习伙伴）的帮助，利用必要的学习资料，通过意义建构的方式而获得的。因此，近年来，学习者由过去被动地接受知识向主动建构知识的方向转变。

3.学生改变以往接受式的学习，转变为自主、探究、合作式的学习

新课改明确指出，要改变课程实施过于强调接受学习、死记硬背、机械训练的现状，倡导学生主动参与、乐于探究、勤于动手，培养学生搜集和处理信息的能力、获取新知识的能力、分析和解决问题的能力以及交流与合作的能力。因此，教师应当首先改变以往的教学方式，运用信息化教学方式培养学生的自主学习、探究学习、合作学习能力。其次，要从各个方面培养学生主动探究、合作学习的意识，让学生意识到只有积极主动地学习才能够适应信息化社会的需求。

4.强调活动的重要性

传统的教学活动主要是知识的“授—受”活动。现代的教学活动观念要求在教学中充分认识到活动的重要性和多样性，教师要为学生设计多种性质的活动，组织学生在活动中进行不同形式的学习，在活动中充分发挥学生的主动性、自觉性，培养学生的创新意识、创新精神、创新能力，促使学生的知识、能力和个性全面发展。

5.强调学生的主观能动性

在教学过程中要激发学生的学习兴趣、探究的激情，尊重学生的个性和特长，注重学生在学习中的积极参与，最大限度地挖掘学生的潜能。

教师应当利用多媒体技术有效地激发学生的学习兴趣，利用多样化的教学方式促进学生积极主动地对知识进行自主探究。

6.强调师生积极主动地互动交流

多样的师生互动交流，有助于缩短师生的心理距离，增强学生的学习兴趣，有助于学生在学习中共享生活经验，完善知识结构，促进社会性学习，发展

社会性素质。对于教师来说，师生之间的互动交流可以使教师与学生平等交往，有助于教师与学生相互学习，共同提高。

在现代教学理念的指引下，出现了许多新的教学方法，其中，比较典型的有基于问题的教学法、启发式教学法、发现式教学法、探究式教学法、案例教学法等。

二、信息化教育的原则

（一）整合性原则

信息化教学是将信息技术、信息资源、人力资源、课程内容等一系列要素整合在一个系统中，有机地将各种要素结合起来共同完成教学任务的一种教学方式。因此，整合性原则是信息化教学的首要原则。在信息化教学过程中，应当将信息技术有效地融入各类教学中，将教学系统中的各个要素和各类教学资源有效地整合在一起，将各种理论、方法、教学媒体很好地结合起来，在整个教学过程中，协调各要素之间的关系，发挥系统的整体优势，以提高教学效率。

（二）直观性原则

学生认识活动的特点是以学习间接经验为主，但是获得间接经验要以直接经验为基础。学生特别是少年儿童以形象思维为主，要使信息化教学符合学生的心理特征，有效地提高学生的学习兴趣和积极性，在教学过程中就应当遵循直观性原则。

直观性原则是指在信息化教学环境中为学习者创设一定的情境，提供丰富的多媒体资源，同时通过教师给予指导、形象描述知识等教学活动促使学生积极观察、主动探究，使学生对所学事物、过程形成清晰的表象，从而丰富感性知识，主动构建知识的意义，最终正确地理解所学知识并发展认知能力。

信息化教学环境集多种媒体资源、各类教学设备、各种支持系统于一体，能够为直观性原则的贯彻提供多样化的教学资源、丰富的教学功能以及各类教学支持。①

①曾大立. 信息化教育与英语教学[M]. 北京：九州出版社，2018.

（三）参与性原则

信息化教学要求改变学生以往被动接受知识的学习方式，转变为主动的、探究式、合作式的多样化学习方式，这一变化使得信息化教学具有参与性的特征。

参与性原则是指学生在教师的指导下积极参与教学活动，通过这种参与唤醒学生的主体意识，发挥学生的主体作用，挖掘学生的学习潜能，培养学生的学习能力，增强学生学习的责任感与合作精神，从而能够有效提高教学质量，更好地完成教学任务。

在信息化教学过程中，学生成为教学活动全过程的自觉的、能动的参与者，成为知识的主动探索者与发现者，成为自己主体建构与发展的主体，并在每次参与过程中实现其主动性、能动性与创造性的发展。因此，在信息化教学中，我们应当借助多媒体手段、丰富的教学资源来调动学生的积极性，使学生以不同的方式参与到教学过程中。

（四）启发创造原则

信息化教学中的启发创造原则是指教师利用先进的教育理念，在信息化环境的支持下采用多样化的方式支持学生的学习，并且在教学中最大限度地调动学生学习的积极性和自觉性，激发学生的创造性思维，从而使学生在融会贯通地掌握知识的同时，充分发展自己的创造性能力与创造性人格。

启发创造原则，是在现代教育理念指导下教学与发展相互影响和相互促进规律的反映。信息化教学不仅要求教师向学生传授知识、技能和技巧，而且要求教学能够促进学生主动对知识进行意义建构，同时促进学生情感、态度、价值观的发展。教学与发展是相互依赖、相互促进的。教师在教学中要将学生视为学习的主体，设计多样化的教学活动，利用多媒体手段启发学生积极思考，促使他们自己提出问题、分析问题和解决问题。

启发创造原则，还是信息化教学受制于信息化社会需要这一规律的具体体现。信息化社会发展的趋势，要求学校教育教学必须培养学生的信息素养、革新精神和创造能力。只有这样，学校所培养的人才才能适应未来瞬息万变的社会要求，才能以新的思维方式去捕获新的有价值的信息，也才能在未来的工作中敢想、敢干，为社会创造财富。目前，通过信息化教学发展学生的创造性思维，培养创造型人才，已经成为世界各国教学改革的重心。

（五）教师主导作用与学生主体作用相结合的原则

建构主义的学习理论要求学生主动建构知识，教师要成为学生建构意义的促进者，它强调学生的主体地位与教师的主导地位。学生的主体性在教学过程中具体表现为自主性、主动性和创造性。教师主导作用与学生主体作用相结合原则，是指在信息化教学过程中教师既要充分发挥自身的主导作用，又要充分调动学生的积极性与主动性，正确处理教与学的关系，把教师与学生的积极性都调动起来。

该原则在信息化教学中的运用，应充分体现在强调学生是学习的主体，强调学生主体在教学中的积极作用。这是因为，学生的学习是一种自觉的、能动的活动。也就是说，学生要把教师提供的一切认识材料转化为自己的东西，就必须通过积极、自觉的思维去接受、理解、消化和运用。教师的主导作用和学生的主体作用是相互协调、相互促进、互为条件的两个方面。二者应该紧密结合、协同活动，才能积极地发展学生的个性，提高教学效率。

（六）教学最优化原则

教学最优化原则，是指在现代教育理念的指导下，在信息化教学过程中，通过对教学系统中的各个要素进行系统化设计，使得各要素优化组合，能够进行最优的教学，取得最优的教学效果。

教学最优化原则，主要是依据教学效果取决于教学诸因素构成的合力这一规律提出来的。信息化教学中的要素主要是指教师、学生、媒体和教学内容。教学最优化的标准是指在一定条件下，既能够取得最大可能的教育教学效果，而师生又只花费最少的必要时间。在信息化教学中，教师要设计多样化的教学活动和学习活动，将教学的各要素优化组合，使得每一个要素都发挥最大的效益，既达到教学目标，又提高教学效率。

三、信息化教学的要素

（一）媒体

信息化教学过程中的媒体主要指现代教学媒体，现代教学媒体是近一个世纪以来利用科技成果发展起来并被引入教学领域的电子传播媒体，主要包括幻灯、投影、录音、录像、电视、计算机等教学媒体，以及由它们组合成的教学媒体系统，如语言实验室、多媒体综合教室、计算机网络教室、视听阅览室、微格教学训练系统、闭路电视系统、校园计算机网络系统等。

从电化教育走向信息化教育，媒体观在不断嬗变。媒体观是指人们对媒体总的认识和看法，也是我们对媒体本质及其价值的根本看法和态度。在不同的发展阶段，我们对媒体关注的视角和态度的不同导致我们对媒体的认识和看法不同。在电化教育阶段，教学媒体在传统课堂教学中主要是传递教学信息，以生动形象的方式展示教学中的重点、难点内容，解决传统教学手段难以解决的问题。在信息化教育的初期，行为主义学习理论作为主要的理论支撑，电视、录音、计算机辅助教学系统等教学媒体进入教学，这一阶段，人们利用计算机进行教学，将教学媒体视为教师的教学工具、学生的认知工具和学习工具。随着多媒体计算机、校园网、互联网等进入教学，建构主义学习理论作为主要的指导理论，人们将教学媒体看作教育教学发生的物质基础和平台，媒体技术为学生和教师提供了一个数字化教学环境。

（二）信息化教学中的教师

在传统的教学过程中，教师处于主导地位，主要工作是收集、处理、传送信息，对学生进行教育，实现教育目标。现代教育理念的不断更新促使教师转变了教学观念，现代信息技术的发展以及现代教育媒体在教学中的应用使得教师的角色发生了变化。信息时代对教师提出了新的挑战，要求教师具备在信息化教学环境中开展教学的能力。

1.掌握现代教学理念

信息化教学中的教师要明确现代教学理念，掌握信息化教学的基本理论和方法，以更好地改善教学，提高教学效率。

现代教学理念是指在建构主义、人本主义等理论指导下的现代教育教学思想和观念，主要包括指导学生主动建构知识；促进师生之间、生生之间的交往以及社会关系的交往；重视学生的主体性；在信息化教学过程中重视活动的重要性等。

2.具备信息化教学能力

信息化教学能力是指教师在现代教学理念的指导下，利用现代信息技术和丰富的教育资源，运用多种信息化教学方法开展教学活动，解决教学问题，优化教学过程的能力。信息化教学能力是教师在信息化教学中所应具备的最重要的能力之一，是教师有效地利用信息技术开展教学的能力。信息化教学能力主要包括良好的信息素养和信息化教学设计能力。

（1）信息素养

教师的信息素养主要包括信息意识、信息知识、信息能力和信息道德。教师首先应当具有敏锐的信息意识，要对“信息”“教育信息化”“信息社会”等概念和内涵有一个基本正确的理解，只有很好地理解这些概念，才能更好地开展信息化教学；其次，要具备一定的信息知识，知道与信息技术、信息化教学相关的理论、知识和方法；再次，教师要具备信息能力，即利用信息技术开展教学的能力，包括资源的获取、利用、加工、评价、创新的能力，同时还包括常用教学软件的使用、简单课件的制作，如演示文稿的制作、文字处理、网页制作等能力；最后，教师应当具备良好的信息道德，具有一定的信息安全意识。

（2）信息化教学设计能力

教师应当明确信息化教学设计的内涵，知道信息化教学设计的特点，理解信息化教学设计的原则，掌握信息化教学设计的方法。通过信息化教学设计，教师将信息技术、信息资源和课程内容有机整合，构建新型的教学方式。在信息化教学环境的支持下，组织学生自主学习以及应用网络交互工具开展互动交流，培养学生主动学习的能力与创新学习的能力。

3.集多种角色、多重身份于一体

信息化教学过程中的教师由传统的课本知识传授者转变成教学内容的设计者、学生学习的指导者、学习活动的组织者与参与者。同时，教师不仅可以作为学生的导师，而且可以成为学生生活中的朋友、学习过程中的同伴等。

（三）信息化教学中的学习者

当前，以学习者为主体的教育思想已成为教育教学的主导思想，在信息化教学过程中，学习者是教学活动的对象，是学习的主体，教师的一切教学活动都是围绕学习者来开展的，没有学习者就不存在教学活动，因此，学习者是教学活动的根本要素。信息化教学环境为学习者提供了丰富的网络信息资源和灵活的学习平台，使学习者的学习方式和学习行为发生了变化。信息技术为学习者的学习带来更多便利的同时，也对学习者提出了更高的要求。

1.学习方式多样化

信息技术的出现，使得学习者的学习行为和学习方式发生了变化，学习者不仅要在课堂中接受教师的讲授、指导，而且可以通过现代教育媒体获取更多的教学信息资源。学习者的学习由被动地简单接受和吸收，转变为积极主动的意义建构。在信息技术和现代教育媒体的支持下，学习者的学习方式逐渐由接受式的学习转向自主学习、合作学习、探究学习等信息化学习方式。

2.较高的信息素养

在信息化教学中，学习者要具备较高的信息素养，能够从大量的信息资源中找寻所需的信息，并对信息进行加工、整理、保存；能够使用常用的软件进行学习并与他人交流；学会有效地反省、评价和监督自己的学习过程。

3.集多种能力于一身

信息时代的学习者要具备自主学习的能力，要能够自己确定学习目标、选择学习方法、监控学习过程、评价学习结果。自主学习能力包括：①确定学习内容的能力；②获取有关信息与资料的能力（知道从何处获取以及如何获取所需的信息与资料）；③利用、评价有关信息与资料的能力。

同时，学习者要学会与他人共事，具备合作与协作的能力，将自身的学习行为有机融合到小组或团队的集体学习活动之中，树立团队精神和集体观念。

信息化教学要求学习者具有创新精神和创造能力。创造能力是信息化时代人才所具备的最重要的能力之一。创造能力是指能够积极主动地、创造性地发现新问题、提出新见解的一种认知能力，创造能力能够使学习者在学习过程中突破已有的思维定式，提出新的见解，独立解决自己过去从未遇到的问题，或者是将学到的知识正确地运用到全新的情景中去。

（四）信息化教学中的教学内容

教学内容是指教学过程中师生之间传递、学习的知识、方法和技能等内容。现代信息技术的出现和现代教育媒体在教学中的应用，使得教学内容具有新的特征，主要表现在以下几个方面。

1.表现形态多媒体化

可以用文本、图形、图表、声音、动画、视频以及模拟三维景象等形式呈现教学内容，利用多媒体方式呈现的教学内容能够将抽象的知识形象生动地表现出来，使学习者更好地掌握知识，提高教学效率。

2.处理数字化

将文本、声音、图形、图像、动画、视频等教学内容信息由模拟信号转换成数字信号，其可靠性更高，更容易存储与处理。

3.传输网络化

信息化的教学内容可以通过网络实现远距离传输，学习者可以在任何一台能够上网的计算机上获取自己所需的信息。

4.超媒体线性组织

信息化教学内容采用超媒体技术构建，支持文本、音频、视频、图形、图像、动画等多媒体信息，并采用网状结构非线性地组织、管理信息的超文本方式，对教学信息进行有效的组织，适合人脑的认知思维方式，也有利于有效地组织教学信息，促进知识的迁移。

5.综合化

信息化社会知识呈现高度的综合化，信息时代需要具备各方面知识的“全才”。在信息化社会中，学生学习的内容不仅仅局限于某一门独立的学科，特别是随着网络时代的到来，学生的学习和生活中出现了许多新的课题，这些课题不是仅靠某一门或几门学科的知识就能够完成的，而是需要学生把所有学科的知识整合起来并运用到学习之中，才能够很好地解决问题。这与信息化社会要求人才具有多方面的知识这一特征是紧密联系的。

信息化教学系统的四要素之间存在着错综复杂的关系，各个要素之间不同的结合方式会产生不同类型的教学系统。

第三节　信息化教育环境支持下的教学结构

一、信息化教学环境的类型

教学环境是指在教与学的过程中教学活动赖以持续的情况和条件的总和，其中“条件”既包括物质条件，也包括非物质条件。信息化教学环境是信息技术支持下的教学环境，是指在信息化教学过程中教学活动赖以持续的情况和条件的总和。本文将信息化教学环境分为教学传递环境、信息资源环境和集成化资源环境三大类。

1.教学传递环境

教学传递环境是指由各种信息传播媒体及配套软件组成的媒体化教学环

境，外在形态上表现为媒体设备。主要包括多媒体教室、语言实验室、微格教室、多媒体网络教室等。下面主要介绍两种典型的教学传递环境。

（1）多媒体教室

多媒体教室是目前各大中小学校课堂教学普遍使用的一种教学环境，它主要包括黑板（白板）、模型、书本等传统教学媒体，以及大屏幕投影仪、投影屏幕、多媒体计算机、录像机、录音机、扩音器、话筒、调音台、实物视频展台等媒体设备，除此之外，每一个多媒体教室还配有灯光、窗帘等辅助设备。

多媒体教室中的座位根据教学方式和学习方式的不同而摆放成不同的格局，如果是以教师的教授为主的教学方式，座位通常摆放为正常教室的布局，如果要开展协作学习和交流讨论，座位会摆成圆环形、马蹄形、蝴蝶形、餐桌形等形状。

多媒体教室的主要设备连接图像与声音两个系统。图像系统共用一个数据/视频大屏幕投影机，多媒体计算机文字与图像的数据信号可直接输入。录像机、实物视频展示台等视频信号通过切换器后也可以分别输入，能显示面积大而清晰度高的图像。声音系统是将所有音频信号通过调音台再输入一个功率放大器，输出保真度高的声音。为了方便对教室内各种媒体设备和设施（如银幕、灯光、窗帘等）的操作与控制，把操作与控制的功能键集中放置于讲台的一块面板上，通过集成控制系统来实施，使得教师能够方便地使用各种设备。同时，多媒体教室的计算机都与网络连接，能够实现多样化的教学，为各种信息化教学方式的开展提供了支撑。

这类教室是一种典型的传递—接受式闭合型教学系统，师生之间存在双向交流，多媒体设备主要起演示教学内容的作用，利用视音频多媒体的优势，以丰富的多媒体信息刺激学生的各种感官，突破教学重点、难点，从而优化教学过程，提高教学质量与效率。而且由于其结构相对简单，便于教师操作，维护比较容易，价格相对低廉，是目前最为常见的信息化教学系统。教室中的媒体设备主要是由教师使用，媒体主要起辅助教师教学的作用，虽然有时也可以用来展示学生的作品，教师仍然是课堂的控制者，学生仍然被动地接受信息。这类教室多用于以教为主的教学，也可用于学术报告活动和观摩示范课。

（2）多媒体网络教室

多媒体网络教室主要由与网络连接的多媒体计算机和其他多媒体设备（如

投影仪、扩音设备等）组成。多媒体计算机由网卡、网线、集线器、网络操作系统等网络硬件形成一个小型的局域网。

这类教室除了具备多媒体教室的功能之外，教师机和学生机、学生机和学生机之间还可以通过网络交换信息，包括视音频等多媒体数据。教师可以通过教师机进行广播教学，利用电子白板功能进行要点讲解，监控学生机操作等。学生可以利用计算机进行电子举手。

与多媒体教室相似，多媒体网络教室中学生的座位可以有多种多样的布局，教师可以根据教学方式的不同调整学生的座位。所不同的是，多媒体教室一般没有学生机或者每组只有一台学生机，而多媒体网络教室则是每个学生都有一台学生机。

目前，多媒体网络教室的解决方案主要有三种：纯硬件多媒体教学网、纯软件多媒体教学网、软硬结合多媒体教学网。就纯硬件多媒体而言，教师操作简单，信息通过专用多媒体高速线缆传输到工作站，传输速度快，性能稳定，音频视频流畅性好。纯软件多媒体网络教室基于网络操作系统来实现视音频传输，能够充分发挥计算机网络技术和多媒体技术的优势。

多媒体网络教室的功能主要包括视听教学功能、实时监控功能、分组管理功能、交互辅导功能等。这类信息化教学系统彻底改变了以往教学中黑板加粉笔的状况，大量多媒体教学信息得以方便地展示给学生，可以轻松实现集体授课、协作学习、个别辅导、探究学习等多种教学方式，学生在各种教学方式下都可以很方便地同教师进行沟通、交流，及时得到教师的帮助和指导。多媒体网络教室中的监控功能利于发挥教师在课堂中的主导作用，让教师实时监控学生的学习行为，及时发现学生在学习过程中的问题，能够有效地保证教学效率，适合基础教育的课堂教学。这类教室只有和互联网结合之后才能开展更广范围的协作、探究式学习。

2.信息资源环境

信息资源环境是指那些以提供信息服务为主的系统，外在形态上多表现为软件工具。主要包括学习资源中心、电子阅览室、电子化图书馆以及互联网上的各种信息系统。

对于网络教育信息资源（电子书籍、电子期刊、数据库等），我们通常使用两种方式进行查找：一种是对既定目标的查找，可以用浏览器导航的方式进行查找；一种是对于没有既定目标的内容的查找，通常是借助搜索工具获得相关的信息线索。

3.集成化资源环境

随着计算机网络在教育应用中的发展，出现了学习资源向集成化方向发展的趋势，各类学习材料和环境，包括媒体设备类的、软件工具类的，统统都包括在一个系统中，我们将其称为集成化资源环境，如交互性学习环境、学校内联网、互联网、在线教育系统等。

不同类型的教学资源环境有不同的功能与特点，对信息化教学提供了不同的支持，我们可以依据信息化教学环境的类型，对信息化教学的结构进行分类。

二、信息化教学环境支持下的教学结构类型

现代教学系统是由教师、学生、教学内容和媒体四个要素构成的，各要素之间相互联系、相互作用，形成教学活动进程的稳定结构。当前教育界主要有三大类教学结构，即以教为中心的教学结构、以学为中心的教学结构和教师主导—学生主体的教学结构。各个教学要素在不同的教学结构中扮演不同的角色，发挥不同的作用。

以教为中心的教学结构是指以教师的教为教学出发点，教师对教学活动进行设计、组织，将知识传递给学生，学生只是被动地接受知识。教学媒体是辅助教师教的演示工具，教材作为教学的基础，是学生知识的主要来源。

以学为中心的教学结构是指以学生的学为教学出发点，学生主动对知识进行建构，是信息加工的主体，教师只是教学的组织者、指导者，是学生建构意义的帮助者、促进者。教学媒体主要作为学生的学习工具，教材不再是学生唯一的知识来源，学生通过自主探究学习能够获取更多的信息和资源。

教师主导—学生主体的教学结构是指在教学过程中既要发挥教师的主导作用，也要充分体现学生的主体作用。教师根据学生的特点为其选择、设计特定的教学内容、教学媒体和交互方式；学生在教师的帮助下，对教师设计的学习资源进行主动的意义建构；教学媒体既是教师的教学工具，也是促进学生自主学习的认知工具。教材不是唯一的教学内容，通过教师指导、自主学习与协作探究，学生可以从教师、同学、专家等多种学习对象和多种教学资源获得知识。

信息化教学资源环境支持下的教学结构类型分为以下三种。

(一) 教学传递环境支持下的信息化教学

教学传递环境的主要功能是：①为教学系统的构成要素（教师、学生、教学内容）提供沟通渠道；②呈现媒体教材中所包含的教学信息；③为使用者提供对媒体进行有效控制的界面。

教学传递环境为以教为中心的教学提供了有效的支持。教师作为教学的主体，可以借助教学传递环境提供的媒体设备向学生传授知识，利用多种媒体呈现教学内容，刺激学生的感官，激发学生的学习兴趣；现代教学媒体承载并传递教学信息，教师运用多媒体技术将抽象的教学内容形象化、具体化，丰富了教学信息的表现形式，激发了学生学习的积极性和主动性。

互联网作为新型的教学传递环境，为以教为主的教学提供了教学环境和教学平台，它可以支持各种类型的教学传播，从个人、小组、群体到众体，并且它的传播功能可以突破时间和空间的限制。教师利用各种教学软件和丰富的网络资源设计多媒体呈现的生动形象的教学课件，丰富了教学内容，改变了单一媒体呈现教学内容的方式；网络资源和教学软件则用于辅助教师的讲解和演示。

(二) 信息资源环境支持下的信息化教学

信息资源环境主要表现为软件工具，其特点是拥有大量的信息资源并提供自由的访问，它为以学为中心的教学提供了有效的支持。教师作为教学的组织者、指导者，根据学生的特点组织教学内容、设计教学活动，利用教学媒体和大量的教学资源创设情境，引导学生主动探究，帮助并促进学生对知识进行意义建构；学生作为教学的主体，利用教学媒体，在大量信息资源的支撑下开展自主学习、协作学习和探究学习；教材不再是学生知识的主要来源，信息资源环境提供的自由访问，能够促使学生从各类信息系统中获得大量的知识。

(三) 集成化资源环境支持下的信息化教学

集成化资源环境集各种媒体设备、软件工具为一体，包括各种学习材料和环境，这样的环境不仅能够很好地支持教师的教学活动，而且能够为学生的学习提供技术、资源等方面的有效支持。在这种资源环境中，教师利用各类软件工具组织教学内容，根据学生的特点，设计特定的教学活动，选择适当的教学媒体和交流方式，利用各种媒体设备开展教学，教师成为教学内容的设计者、教学活动的组织者和学生学习的指导者；学生在教师的指导下，在教师精心设计的教学活动中主动建构知识，在大量教学资源的支撑下开展自主学习、协作学习、探究学习；教学媒体既可以作为辅助教师教学的演示工具，也可以作为促进学生自主学习、探究学习的认知工具和促进学生协作学习的协作工具。除此之外，教学内容的种类更加多样化，知识更新的速度越来越快，为教学活动的开展提供了更新的、更全面的信息资源，使教学更加具有信息化时代的特征。

第四节　信息化教育与传统教育的差异

一、教学手段的差异性

从广义来讲，教学手段就是为了实现预期教学目的，教师和学生用来进行教学活动，作用于对象的信息的、精神的、物质的形态和力量的总和。在这里，教学手段主要表现为某种具体的教学媒体。传统的教学媒体主要有黑板、教科书、标本、模型、图表等，因此，传统的教学手段是指教师针对教学内容，运用简单的媒体，单向传播教学信息的方式。信息化教学手段主要是随着多媒体技术在教学中的应用，教师将原来以教材形式存在的各种文字、图像、数据、表格转化为数字化的教学资源，利用多媒体呈现的方式进行教学，同时，多媒体资源也能够快速方便地通过网络传递、共享，提高教学效率。

传统教学的形式单一，主要是以课堂教学为主，教师传授知识、学生接受知识是主要的教学活动。信息化教学的形式多样化，在各种类型的教学环境中开展多样化的教学，如自主学习、协作学习、探究学习等。传统教学主要借助单一化的媒体开展教学活动，教学媒体承载教学信息的能力比较低，传递教学信息的功能比较简单、机械。信息化教学手段具有丰富的教学功能，通过大屏幕投影清晰地传授知识，通过网络开展小组讨论、师生答疑、作业提交、网上学习和测试等，加强了师生之间的交流，培养了学生的自主学习能力。信息化教学能够提高学习效果，信息化手段集声音、图像、文字等多种信息于一体，极大程度地满足了学生视听等感官需求，激发了学生的学习兴趣。传统教学大多数采用灌输式的讲授方式，教学信息是从教师到学生的单向传递，没有考虑到每个学生的特点，不能做到“因材施教”，使教学比较枯燥乏味，不利于学生认知能力的发展。信息化教学采用的讲授方式是交互式指导，教师与学生之间互动交流，教学信息可以双向或多向传递，既可以从教师到学生，也可以从学生到教师，从而使师生之间形成平等的地位，有利于教学活动的有效实施。

同时，信息化教学具有直观性，它可使形、声、色浑然一体，把一些传统教学手段无法表现的复杂的过程、一些不易观察和捕捉的现象、一些无法现场呈现的场景，都真实、鲜活地呈现在课堂上，创设生动、形象、具有强烈感染力的情境，调动学生学习的积极性，使学生更好地掌握知识，从而提高教学效果。它具有传统教学手段所没有的趣味性、直观性，可以充分调动师生的积极性、主动性和创造性，突破教学的重难点，从而更加容易达到教学目的，使学生在愉快、轻松的环境中获得知识。

尽管传统教学手段和信息化教学手段有一定的差别，但是它们都有各自的优点，在教学过程中，它们是相互补充、取长补短的关系。我们应当将传统教学手段与信息化教学手段结合起来，实现优势互补，才能最大限度地提高教学质量。

二、教学资源的差异性

教学资源是支持整个教学过程达到一定教学目的，实现一定教学功能的各种资源总和，是教学系统中的一切物化资源和非物化资源，主要包括教学资料、支持系统、教学环境等。

教学材料蕴含了大量的教育信息，是能够创造出一定教育价值的各类信息资源。传统教学材料包括书本、教科书、挂图、教学器具、课件、教学电视等。信息化教学材料指的是以数字形态存在的教学材料，包括学生和教在学习与教学过程中所需要的各种数字化的素材、教学软件、补充材料等，具体形式有：文本、图形/图像、音频、视频等素材类教学资源，虚拟实验室、教育游戏类、电子期刊类、教学模拟类、教育专题网站等集成型教学资源以及网络课程。

支持系统主要指支持教师有效开展教学活动以及学生有效学习的内外部条件，包括学习能量的支持、设备的支持、信息的支持、人员的支持等。传统的支持系统主要是指教师和同伴对学生学习的指导与帮助，以及工具书对学生学习的帮助等。信息化教学资源的支持系统主要指现代媒体和学习工具对教与学过程的参与，以及海量的网络信息对学习内容的补充等。

教学环境不只是指教学过程发生的地点，更重要的是指学生与教学材料、支持系统之间在进行交流的过程中所形成的氛围。传统的教学环境以教室为主，以课堂教学作为主要的教学形式。信息化教学环境以信息技术的应用为特征，包括校园网、多媒体教室、电子网络教室、电子阅览室、语音实验室、网络教学平台等，教师可以利用多样化的教学环境开展课堂教学，组织学生协作学习、探究学习，指导学生自主学习。①

三、教学模式的差异性

教学模式是依据教学思想和教学规律而形成的在教学过程中比较稳固的教学程序及其方法的策略体系。它包括教学过程中诸要素的组合方式、教学程序及其相应的策略等。

在传统教学模式中，教师是知识的主动施教者，学生是被动接受的对象，媒体是辅助教师向学生传授知识的工具，作为认知主体的学生在整个教学过程中处于被动的地位，限制了学生的主动精神和创新能力的培养和发挥。这种模式的优点是有利于教师主导作用的发挥，有利于教师对课堂教学的组织、管理与控制；但是它忽略了学生的主动性、创造性，不能很好地体现学生的认知主体作用。不难想象，作为认知主体的学生如果在整个教学过程中处于比较被动的地位，肯定难以达到比较理想的教学效果，更难以培养出创造型人才。

随着现代信息技术在教育领域的应用，特别是网络教学的广泛应用，师生都处于一个信息来源极为丰富和多样的环境中，两者获得信息的机会几乎是均等的。教师不再以信息的传播者或组织良好知识体系的呈现者出现，而应由原来处于中心地位的知识权威转变为学生学习的指导者和合作伙伴。学生的学习不应该是被动接受信息刺激的过程，而是主动构建知识意义的过程。这需要学生根据自己的知识背景，对外部进行主动选择、加工和处理，从而获得知识的意义。因此，信息化教学模式是根据现代教学环境中信息的传递方式和学生对知识信息加工的心理过程，充分利用现代教育技术手段（主要指多媒体计算机、教学网络、校园网和因特网）的支持，调动尽可能多的教学媒体、信息资源，构建一个良好

①曾大立.信息化教育与英语教学[M].北京：九州出版社，2018.

的学习环境，在教师的组织和指导下，充分发挥学生的主动性、积极性、创造性，使学生能够真正成为知识信息的主动建构者，从而达到良好的教学效果。在这种模式下，教师成为课堂教学的组织者、指导者，学生建构意义的帮助者、促进者，而不是知识的灌输者和课堂的主宰者。

总之，知识不能通过教师简单地传递给学生，需要学生自己与学习环境进行交互，从而完成知识建构，这种建构无法由他人替代。教学不是知识的传递，而是知识的处理和转换，教学由向学生传递知识转变为发展学生的能力、培养学生的主体意识、主体性、个性、创造性和实践能力。在教学过程中，教师应关注动机的激发和维持以及提供学生自主学习的工具性支持。

第二章 高校英语信息化教学模式研究

科学技术的迅猛发展推动人类社会全面地进入了信息化时代，而以计算机网络为核心的现代信息技术也已成为21世纪人类基本的生活环境。信息技术的不断成熟，在一定程度上改变着人们的生活方式。计算机网络也正以前所未有的速度融入现代生活，我们应该抓住机遇，站在信息化社会的高度，用全新的观点和视野重新审视我们的教育，并利用现代信息技术进行教育体制和教学模式的改革。本章将以信息技术快速发展与高校英语教学改革为背景，探讨信息技术与英语教学的整合。

第一节 信息技术与高校英语教学设计的整合意义

信息技术对当今教育的推动作用无法估量，然而要使信息技术能真正地推动高校英语教育、教学的发展，就必须与高校英语教学进行全面的有机整合。信息技术与教学整合，这种模式具有十分重要的意义。它可以改变人们的学习观念，预示未来教育的发展方向。

一、改变学习观念

信息技术的日新月异及与课程的整合正在深刻地影响和改变着各种学科的生态，预示了学科发展的未来。可以说，今后学生学习的主要途径不再只是依靠书本或教师的讲授，面对浩瀚的知识海洋和不断更新的网络信息，原先固定教师、固定班级、固定内容、固定进程、固定标准的单向的接受式的学习方式将被打破，取而代之的是一种全新的学习过程，在这样的学习过程中，学生以计算机和网络以及其他多媒体设备为中介，在自主选择、合理接受、科学加工、适时反馈的信息传输中轻松自如地完成富有个性化的、发现式的学习。这种发现式的学习方式将改变以课堂为中心、教师为中心和课本为中心的接受式学习格局，更多地是以自主学习、合作学习和探究学习为主的发现式学习格局而出现。显然，这种学习格局的变化与信息技术的发展有着直接的关系。

专家学者们一致认为，信息技术是物化形态技术与智能形态技术的协同利用，具有智能化、数字化、网络化、个人化、多媒体化的特征。随着信息技术的广泛应用，知识密集、信息技术产品出现了更新换代、周期加快的现象。同时，新兴科学大量涌现，知识总量急剧膨胀，知识更新的过程也空前加快，出现了“知识爆炸”现象。据有关部门统计，人类近30年来所积累的科学知识占有史以来积累的科学知识总量的90%，而在此前的几千年中积累的科学知识只占10%。国外技术预测专家的测算结果也表明了同样的趋势：人类的知识在19世纪是每50年翻一番，20世纪初是每10年翻一番，70年代是每5年翻一番，而近10年大约每3年翻一番。据预测，到2050年左右，人类现在所掌握的知识届时将仅为知识总量的1%，这就是说，走向信息化后的人类社会，将创造出99%以上的新知识。可见，信息和知识犹如产品一样频繁更新换代。这种知识的极度膨胀和快速更新，不可避免地使我们的课程陷于尴尬的境地。一方面，大量的新知识内容需要加入课程中去；另一方面，课程内容过难使学生负担不断加重。众所周知，课程展开的时间是有限的，我们不可能无限延长学生的学习时间，加之近代科学技术的飞速发展和知识信息的急剧增加，又不得不使我们面对现实的挑战。那么，如何才能找到应对的方法呢？最根本的出路在于变革，改变学习过程是一种单纯继承性的传统观点。课程应该在传授一些基础性知识的同时，注重创新和适应能力的培养，对受教育者来说，最重要的是学会学习，具备进行终身学习的能力，也就是具备自我更新知识结构的能力。对于知识的学习，强调的是让学生掌握认知的手段、方法，即学会自己去发现知识，自己去获取和更新知识，而不仅仅是局限于学习知识本身。由于信息时代知识急剧增长，若是像传统教育那样，只强调知识本身的学习和掌握，那么学到的知识大部分会很快过时，无法适应现代社会发展的需要，只有让学生学会认知，即学会学习的方法，才能在步入社会以后，能够自我更新知识结构，通过自学继续学到工作所需要的各种新知识、新技能。

一般说来，传统性学习通常是维持性学习和接受性学习，而信息化学习却是创新性学习和建构性学习。维持性学习是一种继承性学习，而创新性学习要处理好“学会”和“会学”的关系；接受性学习是一种以教师为中心的学习，学生是知识的被灌输者，而建构性学习是以学生为中心的学习，强调学习者是知识的主动建构者。信息化时代的学习是要从传统的维持性学习向创新性学习转变，从接受性学习方式走向建构性学习方式。要达到这一目标，信息技术必须与课程及教学模式进行全面的整合，因为它预示着未来教育的发展方向。

二、预示未来教育的发展

一旦人们的学习观念发生了改变，自然也会对未来的教育有新的展望。实际上，世界各国在展望未来的教育时都主张把信息技术作为教育、教学改革的重要一环。例如，早在20世纪90年代国外就制订了国家信息技术教育计划。这个计划展望了一个这样的未来：通过在中小学教学中有效地利用信息技术，为帮助下一代在校学生得到更好的教育做好准备，以适应新的全球经济发展的需要。

之后，该国教育部在咨询了社会各界人士及专家后，对国家信息技术教育计划进行了修改，提出了5个目标：①所有教师和学生都要使用信息网络技术；②所有教师都应运用技术帮助学生达到较高的学业标准；③所有的学生都要具备信息技术方面的知识与技能；④通过研究与评估，促进下一代技术在教学中的应用；⑤通过数字化的内容和网络的应用改革教学。我国政府也相当重视教育信息化工作并推出了一系列推进教育信息化和改革的政策措施。

2000年，我国教育部召开了全国中小学信息技术教育工作会议，并做出决定：从2001年起用5~10年的时间，在全国中小学基本普及信息技术教育，以信息化带动教育的现代化，努力实现基础教育的跨越式发展。正是由于各国对此相当重视，对传统的教育体制及教学模式的改革正在世界范围内形成一种新的教育发展的趋势。

在我国，运用信息网络技术对传统教育体制和教学模式的改革首先始于英语教学。如前所述，21世纪实际上是信息技术全面发展的世纪，尤其是计算机与网络技术的发展极大地拓展了教育的时空界限，空前地提高了人们学习的兴趣、效率和能动性。就信息化时代的英语教学而言，传统的教学形式很难适应时代发展的需要，必须要有突破性的变革。这种教学的变革不仅仅是教学形式和学习方式的重大变化，更重要的是将对英语教学的理论、观念、模式、内容和方法产生深刻的影响，给英语教学赋予了更深刻的全新内涵。为此，我国政府颁布了一系列关于促进英语教育的方针和政策，如将英语义务教育的起点从初中一年级降低至小学三年级；本科教育要创造条件，使用英语等英语进行公共课和专业课教学，并力争3年内，英语教学课程达到所开课程的5%～10%。又如，“为进一步推动高校英语教学改革，不断提高高校英语教学质量，决定启动高校英语教学改革部分项目，主要包括制订《大学英语教学基本要求》和高校英语网络与多媒体教学体系建设。”根据这一文件要求，教育部先后10余次组织专家召开专门会议讨论、制订并颁布了《大学英语课程教学要求》（简称《课程要求》）。后来，教育部又对《课程要求》进行了修改并颁布了2007新版《课程要求》。尽管新版《课程要求》得到了补充和修改，但是它的主要内容未变。《课程要求》作为一个改革的纲领性文件，提出了一个全新的教学模式，即基于计算机和课堂的英语教学模式，从而开始了全国规模的高校英语教学改革。

三、整合模式的研究背景

本研究的背景就是我国的高校英语教学改革，此次改革始于2002年，其规模之大、力度之强、影响之广在我国英语教学史上前所未有。高校英语教学改革的重要社会背景及其主要意义是本研究的基础。因此，有必要对此作一阐述性描述，以求厘清改革的来龙去脉。

高校英语教学改革与国家的总体发展（包括教育发展、经济增长、社会进步）不无关系，但是主要有以下几方面的背景因素。

(一) 英语的应用现状

英语，作为国际通用语言，在国际政治、经济、文化、体育及其他信息交流中扮演着重要的角色。据相关统计，全世界1/5的人具有不同程度的英语交际能力，全世界2/3的科学家能读懂英文，全世界80%的电子信息用英文存储，全世界网站的78%为英语网站。英语的重要性还不仅仅限于日常的交流上，很多政治家把英语看作提升本国国际竞争力的重要手段。由此可见，我国要跟上世界的发展步伐，进入国际大家庭，融入世界政治、经济、科技、文化、体育的全球化体系，较快地学习、掌握和赶超世界先进国家的科学技术，最为直接的方法就是要使我国的相关人员能够有较强的英语交际能力。

随着我国全面对外开放，中国正大踏步地融入国际社会，在经济、科技等各个领域同世界交往更加频繁和密切。我国的英语教学或未来学生的英语能力应随着国家的综合国力的提高而提高，以促进我国在国际上的竞争力。因此，我国的高校英语教学必须进行改革。

（二）现行英语教学的弊端

就目前我国的英语教学而言，总体水平不高，而且长期以来存在着“费时多，收效小”的弊端。一部分学生的阅读能力很好，但是他们的语言交际能力，尤其是听说能力相当落后。不少学生在各科考试中的成绩都相当不错，分数也很高，但是一旦与人交流却不能听也不能说。这种严重的高分低能现象表明我们的英语教学多年来培养的只是英语的应试者，而不是英语的实际应用者。究其原因，英语学习的好坏与学习的条件和环境不无关系，换言之，语言学习的环境对学习者使用英语起着相当大的作用。

英语对欧美等国家来说基本上都是第二语言，而对我们来说却是地道的英语。那么，英语作为第二语言和作为英语在学习上究竟有何区别？国外学者通过对世界各国英语学习者的广泛研究，认为把英语作为母语和作为第二语言在语言使用功能、语言掌握的方式和目的以及语言环境上有很大的区别，第二语言（简称二语）和英语的区别至少说明了这样几个问题：首先是语言的环境问题，那些把英语作为二语的国家和地区，目的语的使用环境相当广泛，涉及社会的方方面面，如商业、教育、政治、文化、社交等，学习者能在真实语言环境中充分接触和使用语言，当然也就自然地学习了目的语。然而，英语学习者的语言环境主要是在课堂，比如在中国英语学习者所接受的语言输入主要来自课本，一个学习者从小学开始使用的英语课本都是经过编写者的加工和教育部门的严格检查，其语言输入相当有限，而且都是些非真实或非自然的语言。其次是学习动机问题，二语学习者要使自己融入社会并在激烈的竞争中适应工作、学习、生活的需求，自然会习得并掌握目的语。但是，英语学习者具有明显的功利性学习动机，尤其在我国，在校的英语学习者几乎都是为了通过某种考试，不讲究语言的使用能力的提高，而是重视考试所需的语言材料。考试需要什么就学习什么。在学习方法上，因学习者的功利性动机，英语学习者较为注重语言知识的获得，而非语言交际能力的培养。学校的英语教学也基本上都是围绕这些目标而展开，所以课堂教学基本上是重技能分析轻技能应用、重知识灌输轻能力培养、重考试要求轻全面发展。长此以往，我国学生怎能不变成语言应用能力低下的考试高手呢？

要解决语言学习的环境问题，单靠传统的课堂教学是远远不够的，因为课堂和现实社会使用语言的环境毕竟相差甚远，再怎么设计“角色扮演”的语言应用的情景，也不可能达到预期的教学效果，不能从根本上有助于创设一个理想的英语教学环境。因此，只有对英语教学进行重大的改革，借助当代信息技术，在计算机网络上创造出一个虚拟的语言环境，使得以计算机网络为核心的信息技术与英语课程进行整合，着重研究信息技术与英语课程整合环境下的英语教学模式，以求能真正地消除英语教学上的弊端。

（三）传统教学模式受到挑战

在我国的高校英语课堂里主要是以教师为中心，教师讲课文、精解词汇和语法、组织操练、核对答案。几十年来，虽然这种教学方式忽视了学习者的主观能动性，但是我们的教师依靠个人的教学经验、人格魅力以及因材施教的小班教学方式，确实也培养了许多的英语人才。但是，随着时代的发展，尤其是到了21世纪的今天，我们的教学环境发生了巨大的变化，这种教学模式势必会受到前所未有的挑战，这主要表现在以下几个方面：

1.传统模式不能有效培养学生的英语综合应用能力

众所周知，传统教学模式的特点就是课堂教学以教师为中心，以“课本+粉笔+黑板”为工具，以帮助学习者在有限的课堂时间内获取和积累语言知识（主要是词汇与语法）为目的。这种教学模式以结构主义的语法翻译法为基础，通过精讲教科书中的核心范文向学习者输入某一阶段的语言形式（通常是词汇用法和语法规则等）。学习者通过教师的精解和自己的反复操练以形成正确的语目习惯和语言行为，这就是我国特有的“精耕细读”式的传统教学模式，故称为“精读课”。这样的传统精读模式必然会导致重教师讲解，轻学生参与；重语言现象，轻信息摄取；重语法细节，轻篇章整体；重语言知识灌输，轻语言技能运用；重阅读理解准确，轻语言交际能力培养。据有关学者对某大学8位不同年龄的教师课堂教学情况的调查，学生在一堂课（45分钟）上开口说话的时间加起来平均只有737分钟，而且一般仅限于教师和学生之间围绕课文内容、句型、词汇意义和语法知识的问答，是关于语言知识的，而非关于语言使用，是为了检查“装填”的效果，而不是调动学生的心智进行创造性的思考交流，这种活动“几乎没有交际性质”。虽然在我们的精读课中引进了诸如角色扮演、两人对话、小组讨论等交际活动，但都是可有可无的附属品，通常为了考试或多讲课文要点“只好牺牲耗时甚多、见效甚慢的口语练习”。精读教学模式追求的是“精”析，是分析，而不是“读”，是引导学生把英语当作一种语言体系来研究；而问题是孤立、精细的语言知识不可能转化为实用高效的语言运用能力。

2.传统教学模式使教学质量下降

教学质量的下降主要与高校扩招的压力有关，因为高校扩招使原来班级规模急剧扩大。据有关学者调查，大学生人数相对较少，英语班学生都稳定在班级35人左右，直到1998年恢复高考时，一般大学也只有40人左右这样的班级规模。自1998年起，教师还是能利用一定的时间组织教学，但之后的高校扩招使在校人数以每年8%的速度增长，2004年达到了420万人，是1998年的4倍之多。这样原本就紧缺的师资队伍，更是捉襟见肘。班级规模也只能随之扩大。也有学者对江苏、上海等省市的高校抽样调查发现，大多数高校的英语班级平均人数在70人左右。班级规模快速扩大，必然会使传统的“精读”教学模式难以适应，从而带来一系列的问题：首先，班级人数越多，师生的交流互动就越少。试想一下，一堂课45分钟，每人轮流讲几句，时间就差不多快用完了。这说明，班级规模过大，学生课堂实践机会相对减少许多。南开大学在对他们的教师调查中发现，85%的大学英语教师把学生听说能力差的原因归咎于课堂人数太多。其次，班级规模过大使得教学效率下降，同时还增加了课堂管理的难度。在一个80人左右的课堂，教师几乎不可能把学生的水平差异控制在他们能把握的范围内，教师能做的就是按照事先设计好的教案授课，“而班级规模越大，学生水平更为参差不齐，较差的学生由于跟不上教师的节奏、听不懂而索性缺课；水平较高的学生则嫌节奏太慢而上课干自己的事”。因此，在这样人数众多的课堂讲课，教师不可能照顾到每一个学生，势必会降低教学的效果和效率，从而影响到整体的教学质量。

3.传统模式不能适应社会和语言环境的变化

传统教学模式在受到班级规模的制约之外，还受到其他社会和环境因素的影响。首先，学习的环境和手段在变化。在过去的几十年里，高校英语课堂围绕课本开展教学，偶尔也会听些录音。现在，随着信息技术的快速发展，学生获取知识和信息的渠道变得丰富起来，因而不再满足英语学习就是围着课本转的传统方式。据上海交通大学的调查，83%的学生喜欢通过看电视、录像等来学习英语，学生已趋向于摒弃仅仅靠教材来学习英语的模式，转而采取从多种媒体和渠道接受输入。可见，传统的教学模式在计算机、网络等多媒体的冲击下，必然会失去其原有的地位和优势。其次，学生的学习动机在变化。过去学生学习英语的主要目的是通过考试，获得文凭即可，因此学习相当被动，只要跟着课本学就足够了。现在情况就不一样了，学生学习英语不仅仅是为了一纸文凭，他们必须为今后的就业、出国留学、报考研究生等加大学英语的力度，从而学习变得更为主动，并且对学习内容提出更多的个人要求，尤其是语言的综合运用能力方面，更是要求有显著的提高，课堂上只是教师讲学生听的模式无法满足学生的个人需求，这些都对传统的教学模式提出了挑战。由此可见，传统的教学模式很难应付这些变化。要改变这样的局面，满足社会和学生的新要求，教学模式的改变势在必行。

4.教育资源的相对匮乏

改革开放以前，我国教育的发展相对落后。然而，改革开放以来，我国经济得到了蓬勃的发展，尤其是国家提出要实现小康社会，50年基本实现国家现代化，我们的高等教育一定要跟上。因此，国家要发展，高等教育一定要走大众化道路，高等院校扩大招生规模已成必然趋势。从1999年起，教育部开始实行高校扩招，以满足国民对高等教育日益高涨的需求。本科生人数从1999年起，每年以8%的速度扩招，到了2004年在校人数已达2000万。按教育部发展规划，至2020年在校人数将达4000万的规模。然而我国的教育经费却相对匮乏。大学扩招给原本就紧张的英语师资队伍带来了日益严重的压力，教学资源紧缺问题越来越突出。“用传统的教授方法，需要多少师资才能满足教学需要，完成教学任务？如何保证教学质量？这些都是必须要面对和思考的问题。在校学生数量不断增加是国家一定历史时期社会、经济发展的要求，也是高等教育大众化发展的必然趋势，但是我们的教师队伍不能以同等的速度无限制增长”。一方面，招生规模扩大；另一方面，教学资源又相当有限，我们的英语教学要在这样的困境中完成任务，只有走教学改革这条路，采用新的教学手段，挖掘现有潜力。现在最有效的方法，就是要借助计算机网络的超强功能（海量快速的储存、便捷正确的传输、广泛的网络共享等），缓解教学资源紧缺的问题。上述4个方面促使我们必须进行大学英语教学改革，以求从改革中发现新的教学模式、方法和手段，提高英语人才培养的质量。

四、整合观念的研究要点

整合观念的研究要点与高校英语教学改革以及新模式的形成、发展与实施有关。有关研究表明，高校英语教学改革开始后，教育部先在180所高等院校试行新模式，此后缩减到60所试点院校，不久又缩减到31所试点院校，同时在其他非试点的各类高校中也开始试行新的教学模式。这些新模式的试点工作都在一定程度上取得了成效，积累了不少宝贵经验。但是，几年过去了，新模式的实践情况究竟如何？是否体现出新模式的优势达到预期效果了呢？这些都是人们所要重点探讨和研究的问题，因为高校英语教学改革必须在不断的探讨和研究中得以完善和发展，使信息技术与英语教学尽快地整合起来并逐渐走向成熟。在进行高校英语教学改革的同时，笔者因工作关系去过不少高校，从与部分教师和学生的交流中发现，在实施新模式的过程中他们在思想观念上教学组织上、现代信息技术的利用上以及对新模式的理解上都存在许多困惑，突出表现在以下四个方面:

1.教学较为茫然。教师在日常的英语教学中感到非常盲目,一般是给什么教材就讲什么教材，而且是“以前教师怎么教我的，我现在就怎么教学生”，缺乏必要的系统培训。

2.教材的利用率不高。现在学校使用的高校英语教材都称为“立体式”教材，但就是缺乏立体式的使用方法。可以说，多数教师都使用传统的方法讲授新教材，从而教材中的许多特色得不到有效的开发和利用，影响了教学新模式的有效实施。

3.教师观念转变滞后。教师在如何正确利用现代信息技术的观念上显得相当滞后，许多现代化设备充其量只是作为一个大“录音机”在使用，仅上些听力课而已，计算机网络在教学上的功能与作用根本就未得到充分发挥。当然，教师也很认可先进的教学理念。如“以学生为中心”“学生能主动建构知识”等，但在具体的教学实践中，又显得十分困惑，始终走不出传统的以教师为中心的教学模式。

4.学生课外自主学习较难。按照新模式的要求，学生必须进行一定课时的在线自主学习。但实际情况是学生在线的自主学习效果很差，原因是课堂教学内容和网络学习内容一模一样，学生很难再有兴趣在网上进行重复学习。

此外，多数学校在网上供学生进行自主学习的内容除了课本外，很少提供其他方面的学习资源。上述问题的存在必然会有碍于高校英语教学改革的发展和新模式的有效实施。自从算机网络进入英语教学模式后，传统的英语教学环境被打破，出现许多变化和失调现象。如何使失衡的教学环境重新走向平衡，使新模式能和现有的计算机网络教学系统协调发展，对这些问题进行研究，并探讨出较为有效的解决方案，就显得相当重要，且具有现实意义和实践参考价值。

第二节　现代信息技术下高校英语教学模式的理论框架

现代信息技术下的新型大学英语教学模式理论框架整合了多模态、多媒体、多环境理论、计算机技术与英语课程生态化整合理念以及建构主义等教学理念，以环境的创设和教学结构的改变为主要特征，以多模态体验和模态转化学习为实际操作的着力点。与以往单纯以建构主义理论和计算机辅助语言学习理论为基础的理论框架相比，该模式的框架更加系统、细致，对实际教学模式的设计更具指导意义。自2003年大学英语教学改革启动伊始，学界对于大学英语教学模式改革的探索便全面展开。2012年教育部高等学校大学英语青年骨干教师高级研修班第三期以“构建多模态、多媒体、多环境的集成型大学英语教学模式”为主题，于北京交通大学隆重举办，标志着这种探索进入一个新高潮。研修班期间，多位专家分别做了题为“多模态、多媒体、多环境下大学英语学与教理论与实践”“信息技术与英语课程的生态化整合”以及“建构主义与大学英语教学模式创新”的专题报告，提出或引导多模态、多媒体、多环境理论，计算机技术与英语课程生态化整合等教学理念。

我们认为，这些专家独创或倡导的理论和理念可以整合为一个统一的理论框架，共同支撑新型大学英语教学模式。与以往研究中仅以建构主义和计算机辅助语言教学理论构成的理论框架相比，由这三种理论成分共同构成的理论框架更为系统、细致，因此，以其为基础建立的教学模式更具可操作性和可证伪性。下面将对组成该理论框架的三个理论成分进行简单介绍，并对整合而成的新型大学英语教学模式理论框架进行阐释，尤其对其优势进行论证，对实践中可能出现的问题进行讨论，再次指出该理论框架的意义和重要性。

一、新型高校英语教学模式理论框架的成分

（一）多模态、多媒体、多环境理论

有关专家在主旨报告《多模态、多媒体、多环境下大学英语学与教：理论与实践》和以往研究中，对这“多模态”“多媒体”“多环境”三个基本概念进行了界定，对多模态、多媒体、多环境下的学习行为进行了剖析。

1.多模态

简言之，模态是人类通过感官跟外部环境之间的互动方式。这里的感官不但包括广为人知的视觉、听觉、嗅觉、触觉、味觉，而且包括医学上新发现的平衡感、距离感等。多模态指用三种或三种以上感官互动。互动过程中，人类可以将来自多模态的信息打包捆绑成整个的体验。模态越多，人类所获得的信息和体验就越充盈。另外，有关专家把输入和产出之间发生模态变化的学习行为称为“模态转换学习过程”。例如，让学生把读到的内容复述出来，就是一种模态转换学习。而如果只让学生理解所读到的内容，则是同模态学习过程。恰当的模态转换可以增强学习者对所学内容的内化度，提高内容记忆的持久度。换句话说，越充盈的体验、越丰富的模态转化，对学生学习越有利。

2.多媒体

要理解多媒体的概念，首先要区分物理媒介和逻辑媒介。物理媒介指装载内容或信息的物理介质，如纸张、磁带、光盘等。逻辑媒介是指在物理媒介上装载内容或信息的编码手段，如文字、模拟音频流、数字音频流、图像及视频流等。而界定某内容是否为多媒体材料，是以逻辑媒介为划分标准的。使用三种或三种以上逻辑媒介的，就是多媒体内容。在这个定义下，文字材料印在纸介上是单媒体材料，声音录制在磁带上也是单媒体材料。但如果一张光盘上有文字、图片、音频流、视频流，那么即使装载内容的物理媒介只有光盘一种，这里的内容也是多媒体内容。显然，与单媒体材料相比，多媒体材料更有可能触发多模态的体验。这也是多模态学习和多媒体学习经常交织在一起的原因。

3.多环境

学习环境可分成不同的类型。例如，对在校学生而言，有教室、图书馆、

自习室等物理环境；有包括课程设置、课程设计理念、教师教学模式等在内的学术环境；有由学生处、教务处等构成的管理环境；有通过计算机广域网构成的虚拟教学环境等。环境向学生同时提供机遇和框定。例如，图书馆向学生提供博览群书的机遇，同时也框定学生在馆内的行为以及博览群书的极限。再如，教师的知识面等构成对学生的框定,而针对学习任务采取行之有效的教学手段又可为学生提供机遇。学习可以说无处不在，发生于多种混合环境中。各环境因素都提供框定和机遇，从而左右学习效果。大学英语教师在教学设计中应尽量为学生创造可以获得充盈体验、进行模态转化学习的环境，并充分考虑到多种环境因素，特别是多种环境下的学习集成型模式。

（二）信息技术与英语课程的生态化整合理念

近年来，英语教学研究对于信息技术非常重视。整个英语教学研究范式已由“理论、方法到课程或教材”转变成“从理论、方法、技术到课程或教材”。在这种情况下，厘清计算机等现代教育技术与英语教学的关系问题尤为重要。

关于两者的关系，目前广为接受的看法是将计算机视为辅助语言学习的工具。但是这种观念存在很大不足。计算机作为辅助工具应用于教学，具有四个特点，分别是：①计算机仅充当辅助教师的演示工具；②教学内容基本与课本一致；③学生是仍被视为被灌输知识的对象；④未改变以教师为中心的教学结构。以上四个特点严重限制了计算机本可以发挥的作用。上述问题的根源在于将计算机定位为“辅助”工具，而不是英语学习的有机组成部分。因此，要充分利用计算机等现代教育技术，就必须将其视为书本一样的语言教学必备元素。正如没有“书本辅助语言学习”这种提法，计算机辅助教学的提法也应随着计算机在英语教学中的常态化而逐步废弃。

计算机成为语言教学必备元素的方式就是通过信息技术与英语课程的生态化整合。根据国外研究报告，信息技术与各学科课程相整合的内涵在于创设生动的数字化学习环境。强调数字化学习环境的创设也是整合与辅助最大的区别。信息技术与课程的生态化整合实际就是通过信息技术有效地融合于各学科的教学过程来营造一种信息化教学环境，实现一种既能发挥教师主导作用又能充分体现学生主体地位，以“自主、个性、探究、合作”为特征的教与学的方式，从而把学生的主动性、积极性、创造性较充分地发挥出来，促使传统的以教师为中心的课堂教学结构发生根本性变革，形成“主体导向”的教学结构。因此，整合的内涵可概括为三条：①营造信息化教学环境；②实现新型教与学的方式；③变革传统教学结构。

（三）基于建构主义的教学理念

根据以往研究，基于建构主义的教学理念与基于客观主义哲学观的传统教学理念相对立。两者在知识观、学习观、教学观、评价观、教师和学生角色、目标倾向、价值取向、信息技术应用、教学设计等方面截然不同。

传统教学理念以客观主义哲学为基础，认为知识是客观、稳定、非情景化、抽象的存在，是对客观世界的表征。因此，知识外在于学习者，可以传递，而教与学就是知识传递的过程。这种教学理念重知轻行，片面强调系统掌握各学科的理论知识，教出来的学生缺乏必要的专业实践能力或动手操作能力，只能获得低阶的、没有深入理解也无法运用的知识。在这种教学模式下，教师被视为知识的化身，学生则是被动的接受者。因此，传统教学模式普遍采用注入式、填鸭式的授课方式。教学组织形式和方法不够灵活，学生的学习方式仍然是机械地接受知识，学校的培养方式也是统一的培养模式，没有根据学生的不同制定个性化的教学设计和教学模式。

建构主义认为，与其说知识是名词，不如说它是动词。知识是一个不断认知、体验和构建的过程。知识不是对于外部世界的表征，而是由个人创造出来，用来理解亲身经历、构造意义的。学习的过程就是知识构建的过程，是在一定情况下，针对无法满足需求的知识进行质疑、探求、构建和协商的过程。教学就是创设有助于意义建构的学习环境，创设有助于交流协商的学习共同体。与传统理念的重知轻行不同，建构主义教学理论提倡知行合一，其目标是令学生获得高阶知识，促进学生实践能力的发展。在建构主义教学模式下，师生是双主体和互动对话的关系。建构主义教学理念倾向的技术应用观是“用技术学习”，主张把信息技术作为学习工具。它克服单一的以讲授为主的班级形式，超越传统的“讲中学”“坐中学”，而是走向“例中学”“做中学”“探中学”和“评中学”，最大限度地丰富学习资源、时空、方式和体验，以提高教学成效。

二、新型高校英语教学模式理论框架

三种教学理念共同强调两个核心要素，以及学习环境的创设和教学结构的转变；同时，它们互相依托、互相补充。这是三个理论成分得以整合成一个理论框架的基础。

1.学习环境的创设。多模态、多媒体、多环境理论中，强调创设更能让学生获得多模态充盈体验以及进行模态转化学习的环境；信息技术与英语课程生态化整合理念强调创设生动的数字化学习环境；建构主义的教学理念强调创设有助于交流协商、意义建构的环境。这三种环境实际上彼此相容，甚至通过彼此来实现。首先，当今教学实践中，多模态学习经常依靠多媒体学习来实现，而数字化环境是多媒体学习的必要条件；其次，与计算学理论构成的理论框架相比，本研究提出的理论框架的最大优势在于更为系统、细致，因此，以其作为基础建立的教学模式更具可操作性，在教学设计中更容易实现。

但是，在以此理论框架为指导建立具体的教学模式过程中，容易出现一些问题。首先，在教学模式设计中，教师、学生、计算机之间的互动往往不够。某些网络教学内容仅是课本的翻版，而不是让每个学生都真正成为参与者和贡献者；其次，部分学校的技术环境仍有欠缺，也是阻拦教师、学生、计算机之间充分互动的一大障碍；再次，在这样的教学模式下，计算机和网络成为书本一样的教学必需品，如何保障硬件软件条件、维持系统良性运转也是不得不考虑的问题；最后，是教师的角色问题。计算机技术的广泛应用不代表教师作用的淡化。事实上，在本研究提出的理论框架中，教师仍是学习共同体中的重要一员，而不仅仅是计算机开启者和网络维护者。过分地依赖机器，教学就流于一种技术的展示。当然，这些问题在单纯以建构主义理论或和计算机辅助语言学习理论为基础建立的理论框架下也同样容易出现。如何在教学模式设计实践中真正践行某种理论框架，是所有大学英语教学单位需要花费大量脑力、精力、甚至是财力才能解决的问题。①

以信息技术为基础，对大量音频、视频资源进行有效地收集、处理、整合、存储、传输和应用的数字化环境，几乎可以自然而然地触发多模态学习，即数字化环境在某种程度上成了多模态学习的充分条件。另外，鉴于在建构主义视域下，知识作为个人经验的合理化以及个体与他人经过协商后达成一致的社会建构，主要是通过互动来搭建，借助计算机和网络技术使教师和学生、学生与学生

①唐君．高校英语信息化教学研究[M]．北京：中国国际广播出版社，2018.

之间的联系显著加强的数字化学习环境正是有助于交流协商、有助于意义建构的环境。

2.教学结构的转变。传统教学理念和模式中，教师是主动的传授者，学生是被动的接受者。而在建构主义教学理念下，学生与教师同样具有主体地位；在计算机与英语课程生态化整合理念中，学生是主体，教师是主导；在多模态、多媒体、多环境理论中，教师的主要作用在于创设环境以帮助学生获得充盈体验并进行多模态学习，实际上也暗示了学生为主体、教师为引导者的观念。三种理念的共同点是都赋予了学生毫无疑问的主体地位。另外，生态化整合理念和多模态、多媒体、多环境理论都将以计算机和网络为主体的信息技术视为除了教师和学生之外的教学结构组成要素。

3.这三种理念本身具有相互依托、相互补充的关系。建构主义的知识观和学习观是多模态、多媒体、多环境理论和生态化整合理念的哲学基础。反过来，多模态、多媒体、多环境理论和生态化整合理念是在现代教育技术飞速发展的氛围下对建构主义教学理念的一种细化。另外，生态化整合理念和多模态、多媒体、多环境也具有同样的基础和细化关系：生态化整合理念提升了计算机技术在英语课程中的作用，从而扩大了多模态、多媒体、多环境学习在英语学习中的比例；而多模态、多媒体、多环境学习理论，特别是模态转化学习假说，则给出了在数字化环境下教与学的一个可能方向。

在此基础上，可以勾勒出现代信息技术的新型大学英语教学模式。此新型教学模式的最大特点在于环境的创设和教学结构的改变。这里的环境指的是可以触发模态转换学习的数字化环境，这也是有利于意义构建的环境。教学结构的改变则体现在新型学习共同体的建立上。在该新型共同体中，教师、学生、计算机具有同样重要的地位，且任意两者之间都可以进行互动。学生在互动中获得充盈体验、进行模态转换学习。

近年来，大学英语教学改革中仍然存在的问题，其中一个便是部分学校仍然停留在以教师讲授为主的单一教学模式，大学生学习的积极性、主动性、创造性没有被调动起来。创新大学英语教学模式是未来大学英语改革的突破口，是提高教学质量、增强大学生英语综合能力的关键所在。而大学英语教学模式的创新要有合适的理论框架：它整合了多模态、多媒体、多环境理论、计算机技术与英语课程生态化整合理念以及建构主义的教学理念，以环境的创设和教学结构的改变为主要特征，以多模态体验和模态转化学习为实际操作的着力点。该框架具有深层哲学基础和可证伪层面上的假说，既充分考虑以信息技术为代表的现代教育技术飞速发展的大形势，又具备系统性和细致性，可真正指导教学模式的构建。当然，笔者期待着更进一步的实际操作验证，以便不断完善与发展。

第三节 高校英语信息化教学模式的构建路径

在科学技术高度发展的今天，由于信息技术尤其是计算机三大关键技术（人工智能技术、数字化技术、信息和网络技术）的发展，可以说在英语教学上计算机有了主导教学的可能和条件。换言之，网络媒体支持由“情境”“协作”“会话”“意义建构”所形成的学习环境，使得学习者知识的获得并非完全通过教师传授，而是学习者在一定的情境即社会文化背景下，从不同层面、角度出发，借助原有的经验、认知结构主动接受和选择加工外来信息，并借助其他人（包括教师、学习同伴、网络交流者等）的帮助，利用所能获得的学习资源（包括文字材料、影音资料、视听媒体、多媒体课件、计算机教学软件、网络上人与人的交流）以及从互联网上文献检索获取的信息通过与教师、学习同伴等的交流、协作，最终以意义建构的方式来获得。由此，建构主义理论的核心是以学生为中心，强调学生对知识的主动探索、主动发现和对所学知识意义的主动建构。情境、协作、会话和意义建构是建构主义学习环境的四大要素。“情境”是学习者进行学习活动的社会文化背景，学习者在真实的情境下，借助社会性的交互作用和利用获得的学习资源，可积极、有效地建构知识。“协作”是学习者在学习过程中，利用已有经验的基础，在特定的情境下，以特殊的方式建构，并强调学习者与教师、学习同伴、网络交流者等的相互作用。“会话”是协作过程中通过人人、人机交互，使得每个参与者的思维成果（智慧）为整个学习群体所共享，以实现意义建构。“意义建构”是整个学习过程的最终目标，所要建构的意义在于事物的性质、规律以及事物之间的内在联系。建构主义学习理论的基本特征是“学习的自主性、情境性和社会性”。

一、建构主义指导下的信息化教学模式的设计原则

基于对建构主义学习理论内涵的认识，建构主义指导下的信息化教学模式设计思路可概括为：在整个教与学过程中，强调以学习者为中心，利用情境、协作、会话和资源等学习环境要素，通过对学习者的知识、认知特征和背景的分析，设计适应学习者的学习资源、学习策略、认知工具；并通过教师和学习伙伴的帮助，充分发挥学习者的主动性、责任感和创新精神，有效地实现对当前所学知识的意义建构。在这种模式下，学习者是知识意义的主动建构者；教师是教学过程的组织者、指导者，意义建构的帮助者、促进者；教材等教学资源是学习者主动建构意义的对象；视听媒体是用来创设情境进行协作学习和会话交流，即作为学生主动学习、协作探索的认知工具。因此，构建信息化教学模式时可遵循以下设计原则：

1.学习自主性原则。学习是学习者建构自己知识结构的过程，这就意味着学习者不是被动地接受来自外界的刺激，也不是把知识机械地从外界搬到记忆中，而是在原有经验的基础上，主动地对外部信息进行选择与加工，通过新旧知识经验间反复、双向的互动作用过程来获取、建构新知识的过程。也就是说，无论是语言知识还是语言技能，都要靠学生自己主动去学、去练，这样才能有长进，教师的作用只能是主导而不能包办代替。因此，学习者要通过学习策略训练，培养自身的自主学习能力，在教师、学习同伴等的帮助下实现知识意义的主动建构。

2.真实情境创设原则。建构主义认为，学习是一个积极主动的、与情境联系紧密的自主操作活动，在这个过程中，知识、内容、能力等不能被训练或被吸收，而只能被建构。由此，情境学习的建构总是以学习者已有的知识结构为基础，有选择地知觉外在信息，根据具体实例的变异性建构当前事物的意义。即情境学习借助获得的学习资源，把所学的知识与一定的真实任务和情境挂钩，倡导合作学习，解决实际问题。情境教学具有以下特点：首先，学习的任务情境应与现实情境相类似，以解决学习者在现实生活中遇到的问题为目标；其次，教学过程应与现实中问题解决过程相类似；最后，科学科目的教学应创设有丰富资源的学习情境，其中应包含许多不同情境的实例和有关信息，以便学习者根据自己的兴趣、爱好去主动发现、主动探索，从而实现学习者的认知灵活性，形成对知识的多角度理解，把知识学习与具体情境联系起来。通过多次进入重新安排的情

境，使学习者形成背景性经验，从而掌握知识的复杂性及相关性，在情境中形成知识意义的多方面建构。

3.学习的社会性原则。建构主义认为，学习者与周围环境的相互作用对于知识意义的建构起着关键性的作用。知识不是抽象的，而是与学习的情境、学习者带入这一情境的经验及周围环境有密切关系。知识的复杂性使得学习者不可能对知识有全面的理解；同时，由于情境中问题的艰巨性，学习者也不可能完全独立解决。学习者主动从不同背景、角度出发，在教师或他人的协助下，通过独特的信息加工活动（争辩、讨论和提供证据）实现知识意义的重新建构，从而使面对面的或通过多媒体网络进行的“协作学习”成为必然。学习者与周围环境的交互作用，促使学习者对知识的理解将更加丰富和全面（即对知识意义的建构），认知水平也随之得到提升。因此，体现学习社会性的“协作学习”是整个学习群体共同完成对所学知识的社会性建构。

二、信息技术为建构主义理论提供技术支持

信息技术的发展和应用为建构主义学习理论提供了技术层面上的有力支持，促进了教学观念的根本性变革。自主学习理念的应用有效地克服了传统教学中的种种弊端，提高了学习者的认知能力、分析和解决问题的能力，使大学生的素质教育和创新教育落到了实处，为建构主义学习理论的应用奠定了基础。

1.超媒体与“自主学习”。认知心理学的研究表明，人类思维具有联想特征，经常从一个概念或主题转移到另一个相关概念或主题。超媒体是按人脑联想思维方式非线性组织管理的一种先进技术。它按照人脑联想思维方式，将文、图、声、像等不同媒体信息整合，将讲解、演示、测验等不同教学内容整合，将预备知识、当前知识与扩展知识整合，构成了一个丰富而生动的超媒体学习环境。这和人类思维的联想特征相吻合，从而实现对教学信息最有效的组织与管理，使得学习者自由联想能力得到发挥，促进创造能力的培养。同时，教学信息的非线性使学习者可以根据自己的实际情况，通过联想自由选择不同的路径，进入不同的链接点，从一个主题跳转到另一个主题，即从一个链接点跳转到另一个链接点，灵活地浏览各节点的内容（包括文本、声音、图形、图像、动画等），为自主学习奠定了基础。多媒体技术的交互功能提供了图、文、声并茂的多重感

官综合刺激，使得学习者可以依据自己原有的认知结构、认知水平和兴趣，自由选择、自主控制学习内容及其呈现方式。

2.虚拟现实技术与“情境学习”。虚拟现实是计算机与用户之间的一种更为理想化的人机界面，人可与计算机生成虚拟现实环境进行交互，与传统计算机相比，虚拟现实系统具有三个重要特征：临境性、交互性、想象性。在现代教育技术环境中，虚拟现实技术应用图形、声音和图像再造构建出逼真的课堂教学情境，将学生置身其中，以求获得最佳的教学效果。人与计算机生成虚拟现实环境的交互，在虚拟现实技术“构建”的交互性课堂中，教师和学生可以是真实的或虚拟的，学习者可以是一个或多个，教学模式可以多样化，教学方法的可选择性使得教学进度可由多方控制。在教学过程中，学习者和教师同是教学的设计者和控制者，克服了传统班级授课限制学生主动性和独立性的缺点，确保了师生双方的作用得到充分发挥。虚拟现实技术创造和展示各种趋于现实的学习情境，把抽象的学习与现实生活融合在一起，有效地激发了学习者的思维，使得学习者以丰富的想象力实现知识意义上的建构。

3.多媒体通信网络技术与“协作学习”。计算机通信网络与多媒体技术融合而成的多媒体计算机通信网络是计算机网络和多媒体技术发展的必然趋势，它兼收并蓄计算机的交互性、多媒体的复合性、通信的分布性及电视的真实性等优点。在网络学习环境中，学习者既可实现信息资源共享，也可实现利用网络介质进行信息交流，打破了地域和时间上的限制，学习者自主地选择学习内容、学习方法、学习时间、学习地点、学习条件，改变了被动的、被支配的、受监控的地位。网络资源共享使得学习者获取学习信息的资源极大丰富，帮助了不同层面的学习者获取平等受教育和平等竞争的权利，为面向民众的全面素质教育的实施和语言文化交流的国际化奠定了基础。网络教学中的“协作学习”“小组讨论”“在线交流”等学习策略使师生之间、学习者之间通过交流信息实现情感互动。换言之，网络中的“协作学习”对高级认知能力的发展、合作精神的培养和良好人际关系的形成等具有明显的支持作用。

三、高校英语信息化教学模式的构建

基于以上分析，信息化教学的某些特征为建构主义学习理论提供了技术层面上的支持，其学习环境与建构主义学习理论所主张的学习环境相一致，体现了学习的自主性、情境性和社会性。因此，用建构主义指导信息化教学不仅必要，而且可行。高校英语信息化教学模式可按教学目标、情境创设、自主学习、协作学习、意义建构五个关键环节进行教学设计。

1.教学目标分析。本环节主要负责分析教学目标，确定学习内容，提出本课或本单元要达到的教学目标，以确定当前所学知识的“主题”，并以此组织教学。大学英语是一门语言实践课，从语言发展的内在规律来看，听、说、读、写、译等五项语言基本技能是紧密相连的。听、读过程是学习者自外而内获取语言知识，即输入过程；而说、写、译则是学习者将所学知识自内而外的再现过程，即输出过程。因此，学习者要根据自己的实际情况构思完成教学目标的方法与手段，通过学习操作实践去实现教学目标。教师提出的教学目标的难度应以大多数学习者能通过为宜，并应具有层次性，以适应不同程度的学习者。教师通常还应指导学习者将一些大的任务分解为几个小目标，以便学习者分步进行学习研究。

2.创设真实情境。建构主义认为，学习总是与一定的社会文化背景即“情境”相联系的，在实际情境下进行学习，可以使学习者能利用自己原有认知结构中的有关经验去同化和索引当前学习到的新知识，从而赋予新知识以某种意义。如果原有经验不能同化新知识，则要引起“顺应”过程，即对原有认知结构进行改造与重组。总之，通过“同化”与“顺应”来达到对新知识意义的建构。学习个体不同，认知特点也会不同。教师要帮助学习者分析自身的知觉、记忆、思维以及动机、经验、情感等因素，找到学习内容与自身认知结构的结合点，用最符合学习者认知心理的外部刺激去促进他们对新知识的同化和顺应，完成知识意义的建构，并把其智力引向更高的水平。目前我国已拥有卫星网、宽带网和有线电视网等天地合一、多网集成的信息传输运行平台。可通过实时模拟、双向答疑、视/音频文字一体的多媒体、教学内容的网上交流等多种途径，实施教学计划指导下的非实时自主学习，以调动学习者的所有感官和过去的经验去探索与解决问题，使其对知识掌握得更加透彻、更加形象，有效地促进其朝着个性化学习、自主式学习方向发展，使学习者在因材施教、个性化发展的过程中完成提高语言水平的实践。因此，创设从不同侧面、不同角度表征知识的多样化情境，可为学习者的探索提供多条路径，使其可随机进入任意学习情境，实现知识的正迁移。

3.自主学习。当代英语学习理论强调，学习者在学习过程中起决定性作用，其意义在于促进学习者的全面发展和培养学习者独立思考和自主学习能力及创新能力。在网络学习环境下，学习被看成是学习者自发地与外界相互作用的产物。学习不是死记硬背，而是一个“积极地从所发生的事件中寻求（甚至强加）意义的创造性过程”。在这个过程中，学习者要根据自身的水平，寻找适合自己能力的学习起点、学习目标以及学习内容和方法，并确定自己的一套评估体系的能力。以扩大学习活动的自由空间，解决个体差异的需求问题，使每个学生的潜能得到最有效的开发。也就是说，教学对象要从客体过渡为主体，语言本身、教材和教法也属客体，是外部因素；学习者是主体，是内部因素。学习者借助多媒体网络教学系统提供的弹性学习环境，随时随地开展学习，并且能够下载或输出所需材料，从而实现网络资源的提供者和获得者进行实时和非实时的交流，使学习者学习中遇到的问题能得到及时的解答和讨论。例如，学习者可以有针对性地重点学习词汇用法或学习篇章结构和背景知识，或选择反复训练听力和发音。自主学习的方式突破了课堂时间的限制，不仅适应不同水平、不同学习要求和目的的学习者，而且体现了个性化的教学原则。

4.协作学习。由于知识的复杂性和在情境中解决问题的艰巨性，个人根据自己的经验所建构的对外部世界的理解是不同的，也存在着局限性，通过意义的共享和协调，才能使理解更加准确、丰富和全面。由此，协作发生在学习过程的始终，会话是协作过程中不可缺少的环节。学习者通过在内容丰富的情境中的对话与合作，通过对各自见解的协商而达到对新知识的建构与共享。可以说，会话是达到意义建构的重要手段之一。在信息化学习环境下，学习者面对面地进行实时在线语言交流或通过多媒体网络进行实时的文字交流的“协作学习”，使得每位网络资源提供者和获取者的思维与智慧将被整个网络学习群体所共享，即整个学习群体共同完成对所学知识的意义建构。尽管“理解”属于个人的建构物，无法共享，但可以与他人进行交流。通过交流检验和修正自己的“理解”，使之更符合客观规律。网络资源提供者和获取者之间有着动态的信息交互，学习者既通过访问网络站点进行在线学习，也可通过文献检索在线资源选择自己所需的学习内容，以达到获得知识的目的。在学习者与教师的协作过程中，学习者获得教师的帮助，教师获得学习者的信息反馈。在情境中学习时，教师既是组织者，也是参与者，他们既可以通过电子会议系统、电子黑板等实现同步协作，也可以通过电子邮件实现异步协作协作学习，可在两个以上的学习者之间进行，既可在有组织的情况下进行，也可直接面对面地或通过论坛进行。学习者可在比较分析同一问题的不同观点时提升自己的认识结构，加深对知识的理解，并在对不同观点进行梳理的过程中，提高自身知识意义建构的能力。

5.意义建构。意义建构是学习过程的最终目标，所需要建构的意义是指知识或学习主题等的意义，即事物的性质、规律以及事物之间的内在联系。在这个环节中，学习者要根据自身在学习过程中，通过各种不同形式获得的各类不同信息形成自己的学习体会或研究成果，并且以文字材料、视听媒体、影音资料、多媒体课件和主页等多种形式将成果具体体现出来，以汇报学习成果并进行总结评价（包括学习者个人的自我评价、学习小组对个人学习的评价及教师对学习者的点评），使学习者在一个完整、真实的问题情境中，产生学习的需求，并通过学习共同体成员之间的协作学习，通过学习者主动探索、亲身体验，完成对知识的意义建构过程。实践证明，意义建构是使学习者适应真实生活，逐步学会独立认识问题、提出问题和解决问题的一条十分有效的途径，有助于学习者在综合实践中提高自身的综合素质。

科学技术的高速发展，信息技术应用为建构主义学习理论提供了技术层面上的支撑，优化了高校英语教学资源与教学环境、教学过程与教学目标，促进了学生的学习效率和教学效果的提高。这说明信息化教学代表着先进的教学理念和先进的教学手段。

应该说，现代信息技术所构建的英语教学环境具有了情景的信息化、英语学习的全球化和个性化，为高校英语教学模式的改革奠定了坚实的基础。因此，现代教育技术支持的当代建构主义学习理论对于知识建构的意义可诠释为：学习是学习者主动地建构内部心理表征的过程，它不仅包括结构性的知识，而且包括大量的非结构性的经验背景；学习过程既要运用原有的经验建构对新信息的理解，也要建构从记忆系统中提取的旧信息；不同的学习者对事物的理解（建构）不同，协作学习有助于使理解更加丰富和全面；其主要表现在学习过程中，强调以学习者为中心，同时不忽视教师的指导作用；强调“情境”和“协作”等学习环境的设计；强调利用各种资源来支持自主学习，达到学习的最终目的。

第三章　高校英语信息化教学模式

信息化时代下，基于网络多媒体的大学英语教学有了传统教学不可比拟的面貌。传统教学的时空局限性已经被打破，并且教学呈现出了新的形式。教学内容不再是被生硬地灌输给学生，而是图文并茂地展现在学生面前。因此，本章就高校英语教学的新发展进行探讨，主要介绍翻转课堂模式、微课模式、慕课模式以及动态分层教学模式。

第一节　高校英语翻转课堂教学模式

一、翻转课堂的发展历程及其内涵与特点

(一) 翻转课堂的发展历程

1.翻转课堂的起源

翻转课堂一开始是用来辅导功课的而不是用来教学，最早的探索者是美国人萨尔曼·可汗。2004年，萨尔曼·可汗为了给外地的亲戚讲解教学内容，将讲课的内容制作成视频放到网上，让亲戚自己看视频学习，收到了出乎意料的效果。于是，萨尔曼·可汗录制了超过1500个微型教育讲座，学科范围包含数学、物理学、金融、生物和当代经济学等。萨尔曼·可汗的数学教学视频风靡一时，引起了人们的高度重视。2007年，在“用视频变革教育”的演讲中，萨尔曼·可汗提出可汗学院将参与到翻转课堂的实践中去。这次演讲推动了翻转课堂在全球的流行，萨尔曼·可汗和他的可汗学院也因此受到了全球关注。萨尔曼·可汗认为，“翻转课堂”是与传统的“教师白天在教室上课、学生晚上回家做作业”的

模式完全相反的一种新的教学形式。

尽管早期的翻转课堂实践和研究，出现在美国的部分高等院校，但我国教育工作者大多数认为美国科罗拉多州落基山的一所山区学校——林地公园高中才是翻转课堂的发源地。事实上，这里的翻转课堂的出发点是为了给学生补课而录制教学视频。学校的化学教师乔纳森·伯尔曼和亚伦·萨姆斯在教学工作中发现一个非常普遍而严重的问题，教师讲得太快，有些学生来不及做笔记，有时能将所有的要点都记录到笔记本上，却完全不明白这些内容的意思。许多学生由于太过忙碌而缺课，从而跟不上学习进度。为了尽可能解决这些问题，2007年春天，乔纳森·伯尔曼和亚伦·萨姆斯开始使用屏幕捕捉软件录制演示文稿的播放和讲解。他们把结合实时讲解和演示文稿的视频上传到网络，以此帮助课堂缺席的学生补课。不久，这些在线教学视频被更多的学生接受并广泛传播开来。两位教师顺势而为，逐渐以学生在家看视频听讲解为基础，节省出课堂时间来为在完成作业或做实验过程中有困难的学生提供帮助。两位教师的实践引起越来越多的人的关注，以至于经常受到邀请向同行介绍这种教学模式。他们的讲座已经遍布北美，逐渐有更多的教师开始利用在线视频在课外教授学生，回到课堂时间则进行协作学习和概念掌握的练习。他们也因此获得“数学和科学卓越教学总统奖”，而林地公园高中则被认为是翻转课堂的起源地。

2.翻转课堂的发展

虽然翻转课堂从2007年开始就在美国的一些学校流行，但是，其并没有在短时间内得到更大范围的推广和发展。其原因是：很多教师虽然认可翻转课堂，愿意参与这种形式的教学试验，而要真正实施这种教学模式，需要满足一个重要条件——制作教学视频。但事实上，并非每一位教师都能制作出具有较高质量的教学视频。

由于计算机和互联网技术的限制，翻转课堂的实践研究最终都未彻底改变传统的教学模式，只是借助翻转课堂对传统教学模式做了优化。随着技术的成熟和普及，翻转课堂终于打破了传统的教学模式，并在学校落地生根，快速发展。在2011年以后，翻转课堂逐渐成为全球教育界关注的教学模式。萨尔曼·可汗发表的演讲，引起了全球教育工作者对“翻转的”课堂的高度关注。当出现视频课程之后，有很多学生喜欢晚上在家观看可汗学院的数学教学视频，第二天白天在教室里完成课堂作业，当存在疑惑时，可以及时向在场的教师请求给予帮助。这种课堂模式与“白天教师在教室上课，晚上学生在家做作业”的教学过程正好相反，于是他们称之为“翻转课堂”。其后，翻转课堂成为2011年最为热门的教学改革话题，受到越来越多教育者的追捧。

2012年1月30日，为了帮助其他任教教师更好地理解翻转课堂理念，在林地公园高中举办了翻转课堂“开放日”，让更多的一线教育工作者来观摩翻转课堂教学的实施过程，了解学生学习效果及学习状态。这种做法有利于翻转课堂在全世界范围内普遍推广。另外，大量优质教学资源的涌现，为翻转课堂教学模式的推广提供了资源上的支持，特别是“开放教育资源运动”，这些资源对翻转课堂的推广起到了促进的作用。

可汗学院的教学视频课程资源涵盖数学、历史、金融、物理、化学、生物、天文、经济和计算机等十几门学科。可汗学院免费提供的优质教学视频，克服了实施翻转课堂的重要障碍，大大降低了广大教师进入翻转课堂的门槛，从而推动了翻转课堂的普及，使翻转课堂作为一种新型的教学形式迅速走出科罗拉多州，风靡全美。

（二）翻转课堂的内涵

对于翻转课堂概念的界定，学术界里还未形成一个统一概念。目前，有一部分人对翻转课堂的认识还停留在对其实施过程的描述层次上，所以对翻转课堂内涵的深入剖析还很有必要。“翻转课堂”，一般又被称作“反转课堂式教学模式”，这里的“反转”是相对传统课堂式教学模式而言的。国内外对于翻转课堂的概念有不同的解释。

国外学者认为，翻转课堂是一种手段，它增加了学生和教师之间互动化和个性化的接触时间；它是一种个性化的教学环境，在此环境下学生可以得到个性化的教育，学生必须对自己的学习负责，学生的课堂积极性很高；教师不再是讲台上的“圣人”和“独裁者”，而是学生学习的真正指导者；它使教学内容得到保存，学生可随时根据自己的情况进行复习，使课堂缺席的学生不被甩在后面；它是一种混合了直接讲解与建构主义学习的教学模式。还有很多学者对翻转课堂教学模式做出实质性的探讨，认为翻转课堂教学模式是一种手段，翻转课堂教学模式的显著优势是为学生提供个性化的学习环境。

也有学者认为，翻转课堂就是学生在课前利用教师制作的数字材料（多媒体课件、音视频材料等）自主学习课程，然后到课堂上参与教师的互动活动（释疑、解惑、探究等）并完成练习的一种教学形态。但其实这也是将信息技术与翻转课堂结合的产物，并非单纯意义上的“翻转课堂”。即使学生在课前不是利用数字材料而只是利用纸媒材料进行自主学习，依然也已经调换了学习过程所在的空间位置，翻转了课堂。

翻转课堂，通常也称为翻转教学、颠倒课堂、翻转学习、颠倒教室、反转教室、反转课堂、翻转教室等。一般来说，学生的学习过程总体分为两个阶段：一是知识传递过程；二是吸收和消化的过程，即知识内化的过程。这两个过程尽管无法严格区分，但总体而言，应是知识传授、知识感知为主的过程在先，知识内化、知识深层次理解的过程在后。传统课堂中，知识传授主要通过教师在课堂讲授来完成，而知识内化则是靠学生通过课后完成作业或实践来完成。

其实，翻转课堂，从字面意思理解，只是将课堂翻转。这样看来，“把原来在课堂完成的知识传递过程改为在课前完成，把原来在课后完成的知识内化过程改为在课堂上完成”，应该是翻转课堂最基本的定义了。而那些“与信息技术结合”“课前要提供哪些教学资料”“课上应如何组织”等内容，并非翻转课堂的原始要求，而是人们在翻转课堂实施过程中演化而来的内容。翻转课堂要求教育者赋予学生更多的自由，把“知识传授”的过程放在课堂外，让大家选择最适合自己的方式接受新知识；而把“知识内化”的过程放在课堂内，以便同学之间、同学和教师之间有更多的沟通和交流。

在传统教学模式中，信息传递和知识内化分别通过教师的课堂讲授和学生的课下作业、操作实践来完成。而在翻转课堂中，教师赋予学生更多的学习自由，借助网络等多媒体技术，学生使用录制的教学视频，在课下完成知识的讲授阶段，这个过程中，学生可以自由选择最适合自己的学习方式，但要确保课前真正发生了较深入的学习；而知识内化过程则被放在了课堂上，这样师生之间、生生之间就可以有更多的交流沟通机会，从而可以通过课堂上的相互碰撞把对问题的探究引入更深的层次。大多数人理解的翻转课堂只是“课前传授+课上内化”的教学形式，却忽略了两个关键点：一是课外真正发生了深入学习；二是课堂上观点能够真正相互碰撞并将对问题的研究引向更深层次。学生观看教学视频并进行课前练习的活动，并不是对知识的简单预习，而是对新知识的深入理解，这就要求录制的教学视频能让学生自学，而且不亚于在课上讲授的效果。在此基础上，学生的知识不能只停留在某一层面上，应该通过学习活动的讨论分享引向更深层次。同时，也应该认识到翻转课堂与在线视频并不是同一个概念，翻转课堂最重要的价值体现在卓有成效的面对面的互动学习活动。

（三）翻转课堂的特点

1.先学后教的教学特点

在翻转的模式下，学生需要在课前学习教师录制或者网上下载的教学微视频，对视频讲解做出笔记，完成进阶作业。回到课堂上，就学生学不懂的知识点、作业完成时遇到的困惑，师生共同探究和解决。因此，它是一种典型的先学后教的教学模式。

其实，先学后教作为一种教学模式在我国高校已经有过很多探索。当然，随着科技的进步与时代的发展，这些教学模式也需要转型，即在坚持“先学后教”原则的基础上，寻求新的技术与手段。以微视频作为主要课程资源载体的网络条件下的先学后教，被认为是一种比较成功的教学范式。

2.重新建构学习流程

教学流程的颠倒无疑是翻转课堂最明显也是最外化的标志。通常情况下，学生的学习过程由两个阶段组成：第一个阶段是“信息传递”，是通过教师和学生、学生和学生之间的互动来实现的；第二个阶段是“吸收内化”，是在课后由学生自己来完成的。由于缺少教师的支持和同伴的帮助，“吸收内化”阶段常常会让学生感到挫败，丧失学习的动机和成就感。“翻转课堂”对学生的学习过程进行了重构。“信息传递”是学生在课前进行的，教师不仅提供了视频，而且可以提供在线的辅导；“吸收内化”是在课堂上通过互动来完成的，教师能够提前了解学生的学习困难，在课堂上给予有效的辅导，同学之间的相互交流更有助于促进学生知识的吸收内化过程。

3.师生角色重新定位

教学流程的翻转及信息技术与教育的深度融合都引发了师生角色的改变。教师变成了学习的设计者和推动者，学生成为学习过程的主体和中心。但这并不意味着教师作用的弱化，相反，教师是决定翻转课堂的关键因素，其作用更加重要。

4.对信息技术依赖程度增强

学生在课外学习如果没有信息技术的支持，就难以得到教师的帮助，影响学习效果。无论是教学课件还是教学视频，都需要信息技术的支持才能方便有效地传递给学生。而对于学生课前学习效果的检测，更需要信息技术的支持。这就对教师提出了更高的要求，要不断学习信息知识，提高操作能力。

二、高校英语翻转课堂教学模式的实施

(一) 翻转课堂实施的基本流程

从国内外的英语翻转课堂教学模型可以看出，英语翻转课堂基本模式主要包含以下内容。

1.任务导学

教师根据教学目标，合理设计预习与复习的任务来引导学生的课外学习。预习任务建议选择基本性的、趣味性的任务，旨在激发学生的学习兴趣，解决非教学重难点，帮助学生建立新旧知识间的联系，体会新知识在实际生活中的价值等；或者直接用小案例引导学生根据自主学习的简单知识加以解决，激发其好奇心和好胜心。

2.视频助学

微课是当前较为热门的课外助学资源，教师根据教学大纲的要求具体划分知识点。通过教学设计分析出重难点、考点、易错点等，然后进行微课设计和录制。教师主要设计介绍了三种，视频时长一般为5 ~ 15分钟。具体包括：新知学习视频，主要用于新授课前的预习，教师以问题引导的方式带领学生预习并做好课上任务的布置；易错点学习视频，这类视频将课堂练习、考试习题中易错的内容进行分析，用于学生自主反思与提升；复习视频，这类视频一般用于复习课前的准备，进行阶段性的知识总结梳理。不同的课程、不同的教师对教学视频种类的设计各有特色，这些设计在后面的案例中会详细叙述。

3.习题测学

教师发布在线习题对视频助学的学习效果进行检测。这种检测由于教师运用的教学平台的不同，也呈现出不同的特色。但从测试内容来看，由于与学习同步，因此最好采用以章或节作为自主学习测试单位，以便及时检测；同时，在章节结束时再进行一次验收测试，既可对比学生自学时和验收测试时对知识掌握程度的差异，也可加深学生对知识的理解。当然，验收测试选用的题目可以比自学测试的题目难一些。

4.反馈评学

课外教师可通过学习管理平台阅览学生视频学习的情况(包括打开视频时间、观看时间、是否完整观看、学生对视频学习内容的反馈等)以及习题完成情况(时间、正确率)等方面的数据，进行在线评阅和答疑，全面了解学生课外学习情况，为课内教学提供决策依据。课内教学也会以反馈评价开始和结束，课程开始时，教师进行集中的面对面答疑、反馈与评价；课程结束时，教师针对学生的学习检测情况进行总结、提炼、反馈和评价。反馈评价是贯通课内外的纽带，也是推动教学智慧不断发展的助推器，其中包括教师对学生的评价和学生之间的评价。当然，这当中其实是存在问题的，即有些学生会“上有政策，下有对策”，他可以在网上把视频打开，而自己去做别的事情，所以单纯根据平台上学生打开视频的时间不足以证明学生真正在学习了。因此需要我们在实践中改进评价的依据。

5.活动与互动

教师围绕教学重难点和学生能力发展目标，根据教学内容的类型，设计多样化的小组合作学习活动，例如案例分析、“答记者问”（由其他小组学生轮番提问，被考核小组回答，或学生提问教师回答，或教师提问学生回答等多种形式）等，这类活动形式灵活多变，关键是常态化的开展有助于调动学生学习的参与度，提高教学效果。

6.合作共学

通过合理的分组、分工机制以及过程监控策略，提高学生小组内的共学互助。例如，根据组员的表现对小组成绩采用小组成员中的最高分和最低分平均计算的方法，督促小组学生之间相互帮助，达到共同提高的目的。

7.竞争检测

引入组间竞争机制，安排练习检测，帮助学生进行巩固和融会贯通。英语翻转课堂翻转了学习过程的两个阶段，使教学中的师生角色发生了很大变化，并且重新规划了课堂时间的安排，改变了以往教师课堂讲授为主的策略，彻底革新了传统教学模式。复习任务建议适当选择有一定难度的、分层挑战性的任务，旨在帮助学生自我检测与反思，在应用中优化认知结构，促使知识积累向综合能力的转化。英语翻转课堂不仅受到一线教师的热捧与争相尝试，而且受到教育学及教育技术学领域的专家与学者的广泛关注。一线教师的英语翻转课堂实践案例，对于翻转课堂概念的界定有很大的帮助，而专家学者的研究则进一步深化了翻转课堂内涵，他们结合自己的理解与实践，以及教育学理论知识，构建出了具有指导性的翻转课堂教学模型，为翻转课堂的教学尝试提供了教学设计范式，加快了翻转课堂教学改革进程。但前人所提出的翻转课堂教学模型各有优缺点，还有一些地方需要稍加完善。根据对翻转课堂内涵的理解，有人从教学实践出发，构建出了全新的、文理通用的翻转课堂模型，这将进一步推动我国英语课程教学改革的步伐。

（二）高校英语翻转课堂实施的教学步骤

1.课前准备阶段

（1）教师活动

第一，分析教学目标。当我们一谈到翻转课堂，人们的第一反应就是制作教学视频。但是在制作教学视频之前，我们需要分析教学目标。教学目标就是通过教学活动期望达到预期的结果。明确教学目标，我们期望学生通过教学知道知识、获取知识，这是任何教学首先要明确的关键事情。只有教学前确定清晰的教学目标，我们的教学才有针对性，才能明确我们要采用的具体的教学方法。实施英语翻转课堂教学模式之前的教学目标的分析，不仅有利于我们分析什么内容适合通过视频的方式直接讲授给学生，哪些内容适合课堂上通过师生的合作探究获得最佳的教学效果，而且可以避免教学中的盲目性和无目的性。

第二，制作教学视频。在英语翻转课堂中，知识的传递是通过视频来完成的。教学视频可以采用教师自己录制，也可以使用其他教师制作的教学视频或者网络上优秀的视频资源。制作教学视频是英语翻转课堂教学模式的重要部分。乔纳森·伯尔曼和亚伦·萨姆斯总结出制作教学视频的以下步骤：首先，做好课程安排。明确课堂教学的目标，决定视频是不是合适的教学工具来完成课堂的教育目标。如果教学内容不适合通过教学视频直接讲授的方式，那么不要仅仅因为是要实施英语翻转课堂而去使用视频。英语翻转课堂并不仅仅是为课堂制作教学视频。其次，做好视频录制。在录制教学视频过程中应考虑学生的想法，以适应不同学生的学习方法和习惯。大部分实施翻转课堂的学校在录制教学视频时并不呈现教师的整个形象，而是呈现一双手和一个交互式白板，在白板上有教师所讲授内容的概要。录制教学视频必须要选择一个安静的地方，这样制作出来的视频才能保证学生在观看教学视频时不受视频中噪音的干扰。

第三，做好视频编辑。林地公园高中的两位教师在实施翻转课堂的初级阶段是在录制完教学视频以后分发给学生，但是他们逐渐发现视频后期制作的价值。它可以让教师改正视频制作中的错误，避免重新制作视频。

第四，做好视频发布。发布视频是为了让学生能够观看到教师制作出来的视频。在此阶段，教师最大的问题在于把视频放在什么地方以使学生都能够观看视频。不同的学校会根据本地区、本学校和本校学生的具体情况来确定视频发布的地方。林地公园高中把制作出来的教学视频发布到一个在线托管站点，也会为家里没有网络或者电脑的学生制作DVD。总之，学校可以选择一到两种方法满足学生的需要。

（2）学生活动

首先，观看教学视频。教师通过对教学内容的分析，把适合直接讲授的内容部分用教学视频的形式交给学生，在一定程度上避免了课堂时间的浪费。学习速度快的学生可以快速地进行知识的学习。对于学习进度慢的学生，他们不用担心传统课堂上跟不上教师节奏的问题。他们可以根据自己的实际学习情况对教师讲授的内容做适时的停顿。在观看教学视频的过程中，学生遇到不懂的地方可以做笔记，把自己不懂的问题带到课堂，这样学生可以完全掌控自己学习的步调。在此过程中，学生需要对所观看的教学视频里所讲授的知识作一定程度上的梳理和总结，明确自己的收获和疑惑的地方。

其次，做适量练习。学生观看完教学视频后需要完成教师布置的针对性课堂练习。这些练习是教师针对教学视频中所讲的知识，为了加强学生对学习内容的巩固并发现学生的疑难之处所设置的。根据“最近发展区理论”，教师需要对课前练习的数量和难易程度作合理设计，明确让学生做练习的目的是帮助学生利用旧知识完成向新知识的过渡，加深对教学视频中知识的巩固与深化。学校可以通过网络交流平台与学生进行互动，了解学生在观看教学视频和做练习过程中遇到的问题。教师可以通过学生所做的练习的反馈情况时刻了解学生实际的学习情况。与此同时，同学之间也可以进行互动，彼此交流收获，进行互动解答。

2.课中教学活动设计阶段

（1）确定问题，交流解疑

人是社会中的人，在交流中学习能实现成长。传统的课堂教学教师主宰着课堂，师生之间的交流是建立在师生地位不平等的基础上的。课堂中要实现真正的交流，需要一种融洽的环境做保障。学生在观看教学视频的过程中，由于本身的知识结构、看问题的角度不一样，对事物的理解也会不同，这样学生之间会产生一种认知的不平衡，学生之间认知的不平衡会导致学生新的认知结构的产生。在开始阶段的交流中，教师需要针对学生所观看视频的情况和通过网络交流平台所反映出的问题进行解疑，学生也可以提出自己在观看教学视频中所存在的疑惑点，与教师和同学共同探讨，这样学生本身就是一种交往的学习资源。

（2）独立探索，完成作业

独立学习的能力是学生必备的能力之一。一个没有独立学习能力的人，必然无法在社会中生存。独立性是个体存在的主要方式。在传统的课堂中，教师一手包办学生的学习。课堂的大部分时间用来讲授知识，学生课下时间被大量的机械性的作业所填满，学生独立学习和探索的能力越来越被压制。学生是独立的个体，他们本身有着独立学习的能力。学生知识结构的内化需要经过学生独立的思考，而教师只能从方法上引导学生，而不能代替学生完成学习。英语翻转课堂为学生提供了个性化的学习环境，学生在课堂中独立完成教师所布置的作业，独立进行科学实验。在学生独立完成作业的过程中，学生审视自己理解知识的角度，建构知识的结构，完成知识的进一步学习。教师要在刚开始时给予学生一定的指导，帮助学生完成任务。待学生有一定的独立解决问题能力的时候，教师要“放手”，逐渐让学生在独立学习中构建自己的知识体系。

（3）合作交流，深度内化

学生在独立探索学习阶段，已建立了自己的知识体系。但是要完成知识的深度内化，需要在交流合作中完成。人是社会中的人，交往是人与人之间直接的相互作用的过程。国外有关学者把交往行为定义为，一种主体之间通过符号相互协调的相互作用，它以语言为媒介，通过对话，达到人与人之间的相互理解和一致。交往学习是学生在与他人的对话、交流、讨论等学习活动中所开展的学习过程，学生在此过程中实现自身的发展。也有学者通过自己的实验证明，团队学习、合作学习和参与式学习的效果可以达到50%以上。在英语翻转课堂里，你可以看到的课堂形态为：学生分成小组，一般3到4人为一组，学生与学生之间通过独立探索阶段的学习，与同伴交流自己对知识的理解。教师不是站在讲台上，俯视着课堂里所发生的一切，而是走下讲台，走进学生的探讨中，真正地融入学生的小组合作活动中。当学生在讨论中遇到问题时，教师可以给予及时的帮助，引导学生澄清对知识的错误认知。

在此过程中，学生的批判性思维、课堂参与能力和对待学习的态度发生很大的改变，真正把学生推到学习的主体地位。当学习本身成为学生自身需要的时候，学生就会成为真正的学习的主人，变“要我学”为“我要学”。教师也从说教、传授的角色转变为学生学习的引导者和促进者。在合作学习越来越受到教育界的关注下，现今学校很多课堂教学采用合作学习、小组学习等。但是在传统课堂里，合作学习只是课堂教学的“微弱”补充，难以真正发挥学生积极探索的积极性，合作学习只是流于形式。在英语翻转课堂教学模式下，学生与学生之间、学生与教师之间的合作学习则是真正意义上的合作学习。

（4）成果展示，分享交流

学生在经过独立探索和合作交流后，完成个人或者小组的成果。学生可以通过报告会、展示会、辩论赛或者小型的比赛等形式交流学习心得、体会。在成果展示过程中，学生或小组可以通过教师与学生的点评获得更深的了解。同时可以通过观看其他学生或小组的展示，学习到他人的优点，明确自己的优势与不足。学生在此过程中不断领略学习给他们带来的乐趣，更以一种积极的乐观心态面对以后的学习，增强自身的自信心。这也是一个交流的平台，学生在交流中彼此的智慧火花得以碰撞。教师在分享交流环节可以通过学生或者小组的汇报，明确学生知识的掌握水平，有针对性地进行后期的“补救”工作。当然，在学生展示的环节，教师所做的是为学生创设一个民主、平等、和谐、自由的课堂环境，适时调控学生学习的进程和发展方向。

实施英语翻转课堂教学模式的学生在成果展示环节，教师不仅鼓励学生在课堂上进行展示，学生也可以在课下通过制作微视频的方式把自己的汇报上传至网络交流区，供教师和同学讨论和交流。英语翻转课堂教学的成败并不在于视频的制作，而是在于课堂学习活动的设计。如何改变传统的教师主宰课堂的局面，让学生真正成为自己学习的主人，是英语翻转课堂教学模式给我们的课堂教学带来的关键点。

三、高校英语翻转课堂模式在听说读写教学中的应用

(一) 翻转课堂在高校英语听力教学中的应用

1.翻转课堂在高校英语听力教学中的应用意义

以英语听力为代表的英语技能类课程，肩负着培养和提高学生英语语言技能的重要任务，在英语培养方案中处于基础核心地位。然而近年来，在实际教学中，由于受到课时压缩、班型变大、教学设施落后等诸多因素的影响，课程长期以来仍然停留在课堂教师讲授、学生被动接受，课下教师布置作业、学生疲于应对的传统教学模式中，学生本应需要大量实践和获得及时指导的吸收内化环节在教学流程中出现了缺失，学生的专业技能并没有真正得到提高。

传统的教学模式无法满足学生的个体差异、促进学生主动性、创造性能力的提高，这样产生的直接后果是学生缺乏英语语言交际能力和实践能力。产生上述问题的原因，主要是我们目前培养的英语人才不能满足当前社会经济发展的需要，而归根结底是我们传统的教学内容和教学模式无法帮助学生学会在日新月异的社会环节中生存和发展的本领，学生通过各门课程的学习，还仅仅是停留在语言技能和专业知识层面。

2.翻转课堂在高校英语听力教学中应用的过程

（1）课前活动

为了实现翻转课堂的教学效果，首先教师要将所授课班级的学生进行小组分配，一般分为四人一组，这样方便加强小组的及时在线协作讨论与交流。在翻转课堂中，课前的知识传授(即课前材料的提前发布）需要达到甚至超越传统课堂中教师灌输式讲授的教学效果，才能算作完成了知识传授，进入知识内化阶段。因此，教师应该在课前花大量的时间来准备与具体的听力教学话题相关的教学资源，包括与教材听力话题相关的PPT内容介绍、微视频以及听力材料。PPT展示的内容主要是对话题知识的一个简要介绍。微视频的选取或制作也是与听力话题相关的介绍，但是视频不易太长，一般15分钟即可，这样学生不会因为任务太多而不愿去学习。另外，教师发布给学生的听力材料一般为两类，一类用来泛听，一类用来精听。泛听的听力材料是与教材的听力材料话题相关，但又是比较新颖的听力内容，但是内容不宜太多，也不宜太难。教师一般选取两段听力内容，每段4分钟左右，涵盖与转基因食品相关的最新进展的听力内容，并督促学

生通过泛听来了解与具体的话题相关的内容。精听的听力材料就是教材里带有的听力材料，要求学生对此类材料反复多次地精听并完成教材上给出的练习题。完成作业后，要求学生通过精听总结出听力过程中难以解决的问题，然后将所听内容写在笔记本上，借助于网络平台，小组成员进行讨论与交流，分析听力内容中难以听出来的内容是因为出现了音的同化，还是因为语音现象造成的，或是因为陌生的单词等造成的。在小组协作讨论的过程中，最终确定听力练习题中的最终答案。在此过程中，仍旧存在学生听不懂以及无法给出正确答案的问题，这时候要求学生将小组讨论后存在的问题记录下来，然后在课堂中与教师进行面对面的探究与学习。在课前活动中，教师对整个预习过程的监控管理是课堂教学顺利实施的关键所在，同时也能增强课堂中教师和学生的多维互动，借助于网络平台最大限度地发挥线下学习（自主学习）在教学活动中的辅助作用。

（2）课堂探究与讨论

在学生通过自学并完成了小组协作下的课前任务后，在实际的课堂教学中，教师和学生需要发挥利用好有效的课堂时间，因为课堂上的教学活动仍旧是师生学习互动的主要环节，这就要求教师课前灵活设计多种课堂活动来调动学生的学习积极性，同时还要检验学生课前的学习效果。教师可以首先通过对听力话题的导入活动引起学生的兴趣，然后在具体的听力练习题的讲解中，让各个小组的代表阐述对答案的理解来加强对问题的探究，同时在各个小组代表们阐述讨论的过程中提升学生学习的积极性与主动性。在听取各个小组的阐述与讨论后，教师再来讲解练习题的答案，然后通过讲解学生在课前听力练习中无法解决的问题，加强对听力策略中诸如音的同化、连读、弱读以及辨认英语数字的表达、确认因果关系的英语词组等知识的回顾。除此之外，在听力课堂中，教师还可以通过让各个小组通过竞答的形式对所听内容进行复述、表演、演说，增强课堂学习气氛，而教师在此过程中可以就听力材料中的话题进行英语文化知识方面的拓展，以开阔学生的文化视野，让学生在加强听力锻炼的同时进行语言文化知识的学习，充分认识到英语课程工具性和人文性的多面价值。

（3）课后反思与交流

尽管教师督促学生完成课前的学习任务，又在课堂上通过多种课堂形式加强了与学生的探究与讨论，展开对问题的集中讲解，但是这样线上（课堂面授）、线下（自主学习）混合的学习模式也只能让教师排除了大部分学生学习的难点和疑点，所以课后的反思和交流对个别在课堂上仍旧有问题的学生就显得特别重要。课后学生经过深刻的反思就课堂中的问题继续在网络平台上进行讨论，充分发表自己的观点，再次与教师进行互动交流，实现对线上线下随处随时学习。而对于已经掌握了所有知识重点与难点的学生来讲，课后的反思与交流也能加强他们对知识的巩固。课后的反思也能让教师归纳总结课堂教学中的不足，促进下一步教学的逐步完善，同时也能加强自身对教学效果的探究，加强自身的研究能力，并为以后翻转课堂的设计、实施总结出更多的经验，使翻转课堂模式逐步完善，不断改变教育教学行为，在反思与探究中探索中小学英语教学的改革与创新。

（二）翻转课堂在高校英语口语教学中的应用

1.翻转课堂在高校英语口语教学中应用的可能性

翻转课堂可以在一定程度上解决口语课堂教学的典型问题，学界对中小学英语口语教学中存在的问题已有深入研究，其中在课堂教学方面比较典型的问题有：学生兴趣和信心不足，口语学习普遍存在焦虑感；学生的主体地位不明显，课堂口语活动实际参与度不足；口语学习的内化环节缺失；学生在课后的口语练习缺乏监督和评价；在传统口语课堂上，很多学生羞于开口、易紧张、怕被嘲笑，对口语学习缺乏动力和兴趣，这已是一个不争的普遍现象。

即使口语教师很擅长调动学生，也需要花费不少时间引入话题、介绍背景，导致学生口语练习的时间被压缩，使学生沦为“配角”。少数积极的学生容易“主导”小组活动，使多数学生沦为“看客”。即使教师尽量平均地给予发言机会，在一次课上也很难抽到每一名学生，许多学生由于得不到教师的评价和反馈，难以有效地实现知识的内化（如发现和改正错误、提炼口语表达方法、总结口语学习经验）。在课后，口语教师也很难检查学生是否有效完成口语作业。而在“翻转课堂”这种模式下，课前学生既可在独立私密的环境下自学，又能获得教师、同学的在线交流，能保护学生的自尊心而不用担心被嘲笑。通过反复练习，学生在课堂上展示出来的是准备充分的、成熟的发言，有助于树立大胆说英语的信心。教师在课堂上可以把更多的时间和精力用于开展梳理知识、互评互助、合作探究、总结点拨、反馈评价等知识内化活动；弥补了实际参与度低、口语实践时间不足的问题，学生也得到了个性化的指导。在课后，教师可要求学生将口语作业上传到在线平台，实现课堂的延伸和对课外练习的监督，能把握不同班级、不同学生在课堂之外对知识的掌握程度和作业完成情况。

2.高校英语口语翻转课堂教学模式的设计

第一，搜集教学材料，录制教学视频。教师可以搜集与中小学英语口语教学内容相关的素材，组成相关口语教学团队，合力制作高质量，与课程内容紧密相关的视频。目前许多大型英语学习网站都有各种各样的教学资源，但是这些网络资源当中，英语口语教学视频资源相对较少，试想如果只给学生提供这些网址，学生可能很难获得自己需要的口语学习视频，因此建议由授课教师和教研团队搜寻优质的教学视频材料，直接提供给学生模仿学习。教师在制作口语教学视频时，视频长度要尽量控制在10分钟之内，要做到发音标准、语调优美，给学生提供英语口语学习的正面教材。在教学中也应增加一些趣味性，因为兴趣是学生学习口语的最佳动力。在学生的自主学习过程中，学习资料具备一定的幽默性、趣味性，才能激发学生口语学习的兴趣，使学生保持学习的热情。在中小学英语口语教学视频中，教师可以加入生动的图片、卡通形象、热门歌曲、影视片段等素材，让口语教学视频更加趣味横生、贴近生活。同时，为配合口语教学视频，教师应提供课前口语学习任务单，并提前一周上传到班级口语学习群，让学生有足够的课前自主学习时间，完成教师布置的相关口语学习任务，这个环节对于翻转课堂教学模式是否能够顺利进行起到了至关重要的作用。

第二，优化课堂活动，打造高效课堂。课堂教学优化设计是打造成功的英语口语教学的关键。在翻转课堂的英语口语教学模式中，学生在课前进行自主学习，主要包括语音语调、常用句型、交际词汇等，课堂上主要是师生互动进行口语训练。学生也可就课文理解进行分组讨论，或对课文内容进行复述或会话训练。教师应根据不同的口语话题设计课堂活动，主要包括分组讨论、情境对话、演讲辩论、角色扮演等口语训练形式，充分调动学生学习积极性，帮助学生内化口语技能，建立良好的英语口语学习习惯，真正活学活用。在翻转课堂的英语口语教学中，指导学生创建口语学习小组也是重要的一环。在分组时，要注意兼顾组内成员的口语能力，使每位同学都能有充分锻炼的机会，能够分享学习心得，互帮互助，共同进步。教师要组织组内成员定期讨论，教师之间可以互相交流，进行口语教学资源的共享和互换，互相学习，互相借鉴，观看对方制作的口语教学视频，交换意见，共同进步。也可以以教研室为单位一同制订教学目标、教学流程和教学方法，探讨如何科学地进行课堂口语教学。教师口语学习任务的选择，要紧紧围绕教材要点和教学大纲，并有一定的相关拓展。教师提前布置的学习任务要具体到位、可行性强，这样口语教学才能更有针对性，更能充分调动学生学习的热情和积极性。

（三）翻转课堂在高校英语阅读教学中的应用

1.翻转课堂在英语阅读教学中应用的可行性

翻转课堂离不开互联网的普及和网络技术辅助教育的技术支持。可以说，互联网是英语阅读教学实现翻转的重要保障。翻转课堂通过短小精悍、信息明确的教学辅导视频完成课前“信息传递”。教师只需自备摄像机（手机）、三脚架、黑板（或白板或电子屏幕）以及简单的视频剪辑软件，或直接通过互联网收集可用的多媒体教学资源，就可以创建形式多样的教学视频。而作为“信息传递”的对象，学生只需一台能够连接互联网的电脑，甚至是一部接入无线WiFi的智能手机，就能够实现随时随地自主学习。通过互联网获得的国外报刊文章是英语阅读的重要对象。一方面，英文报刊“时效性、实用性、广泛性、趣味性”的特点，有助于学生丰富阅读类型、了解英语国家文化、掌握各领域最新发展动向；另一方面，各大英语语言测试的数据表明，英文报刊已成为英语等级考试和能力考试的重要材料来源。可见，无论是从“应试”还是“应用”角度，英文报刊对英语阅读训练的辅助作用越来越受到重视，而网络学习空间为翻转课堂教学法的实施提供了灵活、全面的网络平台，既能满足学习者对个性化学习需求，又能在独立学习过程中便捷地获取指导和帮助。

2.翻转课堂与英语阅读课融合的操作程序

翻转课堂教学法运用到具体的学科中，它的操作流程也会有变化，在英语阅读教学中，具体的操作程序如下：

（1）教师阅读课课前制作微视频

在翻转课堂教学中，学生知识的摄入主要是通过观看教师制作的视频来完成的，课前教师根据教学目标、教学重难点，借助网上优质的开放教育资源并结合自己学生的特点设计个性化的教学视频材料，由于学生集中注意力的时间比较短，所以教师在制作视频时一定要把握好时间，并且也要注意视频效果，帮助学生建构内容丰富多彩的学习平台。英语阅读课的微视频内容主要是对课文的整体分析以及相关背景知识的介绍，教师在制作视频时，可以在网络资源中寻找与所讲内容相关的视频、图画或音频等，用于课前预习与课外知识的拓展和延伸。

（2）学生课前观看教学视频并完成针对性练习

学生在家自行观看教学视频时，要注意记录自己在观看视频时的收获以及所遇到的疑问，与此同时应完成教师所布置的针对性练习，并且在规定的时间内统一发至教师的邮箱。教师对于课前练习要进行精心合理的设计，帮助学生利用旧知识向新知识的过渡与迁移。在课前学习过程中，教师和学生都可以利用班级群进行交流与沟通，同学之间可以互相了解彼此学习的收获与疑问，也可以相互帮助解答，教师也可以根据学生针对性练习的所做情况和平台讨论的内容了解学生的学习情况。

（3）教师确定课堂讨论问题

在上课之前，教师根据阅读文本材料、学生观看视频时提出的疑问以及课前针对性练习中出现的问题，总结并设计出一些具有探究价值意义的问题，如文章主题、人物分析、文章写作特点等。学生上课时根据自己的理解与兴趣爱好选择相应的探究题目，然后教师根据学生所选问题情况对学生进行分组，选择同一个问题者将组成一个小组进行讨论合作，小组人数控制在6人以内。由于大部分学生平时都不太喜欢英语阅读，所以教师设计的问题和任务一定要具有趣味性、目的性和层次性，这样可以确保每个学生都参与到课堂中，都有任务可做。

（4）学生独立探索

小组成员选定讨论问题之后，首先应各自进行独立探索，独立学习能力是学生应具备的重要素质之一，每一个学生都是独立的个体，他们对待问题都应该有自己独特的看法。在翻转课堂教学活动中，教师应注重培养学生的独立学习能力，教师要从开始时的选择性指导逐渐转至为学生独立探究学习，把尊重学生的独立性贯穿于整个课堂之中，让学生在独立学习中构建自己的知识体系。

（5）小组成员合作学习

学生独立探索结束之后开始进行小组成员合作交流学习，合作学习可以采用对话，商讨或者争论等形式，在学生讨论交流过程中，教师必须随时关注学生的讨论情况并及时给予指导。

（6）学生成果展示

学生经过独立探索和小组合作学习之后进行成果展示，成果展示可以每组选派代表，由一个或者两个同学发表其小组针对某个问题的看法。由于小组较多，时间有限，成果展示应简洁明了，争取做到每个小组都有机会上台展示。

（7）点评反馈

翻转课堂教学法注重学习评价多元化，教师不但要注重对学生学习结果的评价，而且要对学生独立探索过程中的表现、在小组合作学习中的表现等方面进行点评与反馈。点评不只是教师对学生的点评，还可以是学生对学生的点评，比如在成果展示环节，学生可以对其他小组的表现进行评判，这样可以使小组与小组之间相互学习、相互借鉴。

（四）翻转课堂在高校英语写作教学中的应用

1.翻转课堂与英语写作教学结合

翻转课堂与英语写作教学结合有巨大的可能性。无论从学生和教育主体来看，还是从软、硬件教学资源来看，在高校英语写作教学中实践“翻转课堂”已是万事俱备。首先，随着高校校园网络的相继开通，学生可以通过自主学习中心或者电子阅览室随时获得大量英语作文学习资源；其次，科技的发展使得学生进行选择的移动智能学习终端越来越丰富，只要愿意，随时随地都可以学习；再次，除了学校网站提供的教学管理平台外，教师还可以自己构建师生互动的在线交流平台。很多大学公共英语教学部都有自己的教学论坛，里面上传最新的教学资料以及微视频，论坛有专门的教师管理，实现了和学生的及时互动；最后，专门的写作教学软件，教师轮流按月给所有学生布置一篇作文，作为对学生平时成绩考核的参数之一。这类教学软件的使用，大大缩短了教师批改作文的时间，同时软件所带的学生实时留言的功能使得教师和学生在线上能有及时地互动，极大地提高了写作教学的效率。

2.翻转课堂的英语写作教学要求

高校英语写作“翻转课堂”的教学要求主要有以下几个方面。

（1）教材选择强调课程之间的连贯性、教学素材的本土性

选择的写作教材不仅要包括应用文文体，而且要包括基础写作、文学写作等其他文体，这些教材内容不仅要为学生提供更多的自学资料，而且能弥补教学计划中课程设置缺乏连贯性的不足。同时，在考虑版本时，教材的素材最好来自本土，提供学生比较熟悉的案例，符合语言教学的真实性要求，适合本地地区教学。

（2）教学设计注重教学内容的实用性

教学设计注重教学内容的实用性和教学手段的多样性、教学形式的可操作性和教学方法的指向性有机结合。

从教学内容来看，重点是教材中的应用文写作章节，从生活便条到公务便函，从个人简历、求职信到商务信函，各项内容相互关联、循序渐进，让学生综合掌握各种活动中的信函要求。从教学辅助手段来看，通过学校的教学管理平台，教师上传了教学大纲、授课计划、课程说明、电子教案和教学资料，设置了网上交流和实时答疑，安排了计分作业，建设了小型题库，并设置在线测试。从教学组织形式来看，安排在机房上课，让学生现场作文，这样做有三个好处：其一，教师可以在课堂上逐个进行辅导，为学生提供个性化辅导；其二，学生可以利用网络工具及时查询单词和相关资料；其三，现场作文能够及时反馈学生对知识和技能的掌握程度。从教学方法来看，采用任务型教学法，让学生在完成给定任务（计分作业）的过程中，了解各种作文的格式，熟悉写作的基本知识和基本技能。

（3）教学过程强调教学对象的主体性、教学程序的连续性

学生在上课前自学指定的教材章节和电子教案，上课时，教师在布置写作任务后简要介绍任务将涉及的知识点，然后，学生分头在计算机上写作。对于学生提出的共同问题，教师会集中讲解，但大部分时间是一对一辅导。为了保证课堂上每个成员的学习积极性都能调动起来，教师发动基础好的学生做小教师，帮助基础差的同学解决一些简单问题。课后，学生把写好的作文上传到教学管理平台的计分作业栏目，由教师批阅。值得一提的是，经过课堂上的个性化辅导，学生习作中的语法和句法错误已经不多见，教师批阅的作用主要在于肯定哪篇作文更加有逻辑性、更加合情合理，并且把优秀作文设置成“展示”，为没有到课的学生提供范例。

（4）教学评估强调实践性、过程性

高校英语写作课程作为语言输出类课程，集中检验着学生对以前输入性课程的掌握情况，现场作文是最直观、最有效的检测手段之一。鉴于此，本课程非常强调现场作文的过程和质量，把它作为阶段性评估的重要组成部分。期末考试采用闭卷形式，范围覆盖本学期所学的全部应用文体，学生要根据要求在机房内完成。

四、翻转课堂模式在高校英语教学中应用的优化建议

（一）设计可操作的任务清单

翻转课堂作为一种赋予学生更多自由和权利的教学模式，对于学生的自主性和责任心要求较高。学生只有在课前认真观看了视频，才能够掌握主要的知识点，并在课上更加积极地完成知识点的练习，参加巩固加深的活动。但在学生具备较高的自主性和强烈的责任心前，教师为了保证学生能够完成课前视频观看这一任务，让学生明确具体的学习要求，罗列任务清单是极为必要的。

任务清单是教师设计的一种以表单的形式呈现的，指导学生进行自主学习的方案，是帮助学生开展高效的自主学习的支架和载体。学生课前独自开展教学视频的观看以及其他任务完成的过程中，任务清单的存在无形中成为学生的“指导者”，指导学生在课前自主地开展学习，替代了教师的角色。

在设计任务清单的过程中，教师首先需要明确任务清单的使用者是学生，其本质是教师设计的一种用以指导学生开展自主学习的计划。因此，在设计任务清单时，教师必须时刻以学生为中心，将各类教学目标转化成为学生自主学习过程中能够理解和达成的目标，设计出能够帮助学生自主学习的任务，并在各个任务与课堂教学活动之间建立起衔接关系。其次，任务清单的设计应当秉承着问题导向、任务驱动的原则，这是设计任务清单最基本和最重要的原则。学生的自主学习必须与问题和任务相结合，带着问题和任务开展学习能够引起学生的学习动机和兴趣。使学生带着真实的问题和任务开展学习能提高学生的专注度，更好地完成知识的同化和顺应。这一原则能够帮助学生明确学习目标，认清目标达成的要求，借助教学视频和其他资源完成自主学习。最后，在具体设计任务清单的过程中，教师需要在熟悉教学内容和对象的基础上确定好教学目标，并将其转化为可实现、可操作的内容，使学生能够立刻明了自己能通过什么样的方法达成目标。同时，将本节课的重难点转化为若干个学生能够理解的问题，并按照难度排列，使得难以操作的自主学习在明确了学习任务和问题后变得可以操作。①

教师需要注意的是，在设计任务清单时要明确地告诉学生观看视频的目的

①侯海冰. 当代高校英语信息化教学改革研究[M]. 北京：北京工业大学出版社有限责任公司，2021.

是什么，学生需要达成哪些目标，并附上若干个能帮助学生更好学习知识的问题；任务清单上的每一个任务都需要具备可操作性，学生看到后就能知道如何去完成任务。

（二）制作优质的教学视频

教学视频对学生课前学习的质量有着重要的作用，优质的教学视频能够直观地表现一节课的知识点，帮助学生理解和掌握本节课的教学内容，提高学生的学习效率，为教师课堂内开展教学活动做好充足的准备。而质量较低的视频非但不能影响学生的学习，反而会给将学生带入一种知识混乱的状态。

制作教学视频对于部分教师而言已经是一件相当困难的事情了，更不要说制作优质的教学视频。这不仅要求教师具有一定的技术应用能力，而且要求教师具备深厚的学科素养，能够根据教学目标、内容和对象的特点，以夺人眼球的形式在教学视频中呈现出这一知识点来。有许多教师在开展了翻转课堂后表示，制作教学视频对于他们而言是一种极大的挑战。

近年来，随着翻转课堂在国内的盛行，有越来越多的教师参与到了翻转课堂的实施中来。他们中不乏精通制作教学视频的能人。因此，当教师面临着制作教学视频的困难时，不妨上网搜索相关的视频案例，与其他教师交流心得，获取相关的视频资源。在征得对方允许后，可在其视频基础上进行个性化的修改，以满足自身课程的需求。也可以在对方的指导下，重新制作一个新的教学视频。这样从一定程度来说，能够减轻教师在翻转课堂前期准备时的工作量。

（三）加强课堂活动的互动性

由于对翻转课堂存在着一定的误解，许多教师认为翻转课堂的重点是课前视频的制作。但事实上，翻转课堂真正重要的是教师对于课堂活动的设计。课堂活动的设计要以学生为中心，最大化地利用课堂上面对面的互动时间，培养学生的主动性，重点训练学生的高级思维能力，加深学生对知识的理解。

热身环节是课堂活动的开始。在热身环节中，教师的主要工作是了解学生在课前学习中的心得体会以及存在的问题，鼓励学生在其他学生面前展示自己的学习过程和学习方式等。以热身环节作为切入点，不仅能够衔接起学生在课前自主观看视频后完成的任务清单的内容，帮助教师判断学生的共性问题，从而提供及时正确的指正和引导，而且能够在这一环节内引导学生相互之间质疑、解答，帮助学生逐渐养成独立思考和主动提问的习惯，并最终使得学生能够针对所学的知识点提出有价值的问题。因此，教师在设计课堂活动时不能忽视热身环节，要以热身环节作为课堂活动的起点，慢慢引导学生投入到学习中来。

在建构翻转课堂教学设计模型时，在课堂内，教师应当多采取参与度高的、互动性强的活动，如伙伴学习、小组学习及探究型学习等。在伙伴学习的过程中，教师应当引导学生主动向对方表达出自己的观点和看法，不论是正确的还是错误的认识，都有利于在学生之间形成一种良好的探讨的氛围。通过学生之间不断地陈述、质疑和解答，自己加深了对知识点的理解。教师在这一过程中，除了引导学生外，在适当的时候要做出总结，给予学生明确清晰的解答。

在小组学习的过程中，学生是学习的主体，每个学生的需要都要被充分地考虑到。成功的小组学习首先需要明确小组学习的内容和任务，以内容和任务为导向，指导学生在小组内通过合作的形式自主开展后续的学习工作。在此基础上，教师需要合理分配小组成员，力求做到“组间同质，组内异质”，使学生在小组内建立起良好的关系，相互引导、相互帮助，激发更多的思维火花。教师需要鼓励学生在组内积极地发言，注重每个学生在组内发言和展示的机会，避免出现“一言堂”的现象。紧接着，教师需要丰富小组活动的时机和形式。只要遇到有难度的知识点、易混淆的内容等，教师就可以设计小组合作，引导学生通过与同学之间的讨论得出最终答案。同时，有游戏竞争、辩论赛等形式开展的小组活动既能够激发学生的学习热情和动机，也能帮助学生深入地开展讨论，避免浮于表面的学习。

而教师在伙伴学习和小组学习的过程中尤其需要注意的是要明确学习的目标，鼓励每一位学生的参与，养成学生记录讨论的习惯，帮助学生挖掘知识的深度以及给予充分的讨论时间等。

第二节 高校英语微课教学模式

一、微课的内涵、理论基础与类型

(一) 微课的定义

从字面上来说，“微课”可以从以下三个层面加以阐释。

1.对于“课”这一概念来说，微课是“课”的一种，是一种课式，也呈现微课是一种短小的教学活动。

2.对于“课程”这一概念来说，微课是有计划、有目标、有内容、有资源的。

3.对于“教学资源”这一概念来说，微课具有丰富的教学资源，如数字化学习资源包、在线教学视频等。

但是，对其内涵进行挖掘，可以发现微课是一种具有单一目标、短小内容、良好结构、以微视频为载体的教学模式。微课的最初理念是通过正式或者非正式的学习方式，人们不断对短小、主题集中、与实践紧密结合的专业知识进行学习，从而提高学习效果，促进知识的内化。

在这一理念基础上，我国学者对微课教学模式展开了重点研究，很多学者提出了自己独到的见解。

“微课是时间在10分钟内，教学目标明确、内容短小，能够对某一问题集中说明的微小课程。”

“微课是以某一知识点为目标，其表现形式是短小精悍的在线视频，主要应用于教学和学习的一种在线教学视频。”

“微课又可以称为‘微型课程’，是建立在学科知识点的基础上，构建和生成的新型网络课程资源。微课以‘微视频’作为核心，包含很多与教学配套的扩展性或支持性资源，如‘微练习’‘微教案’‘微反思’‘微课件’等，从而形成了一个网页化、半结构化、情境化、开放性的交互教学应用环境和资源动态生成环境。”

上述这些概念都具有针对性，并一定程度上反映出微课教学模式的基本特征，虽然具体内容存在某些差异，但是其理念和核心基本一致。微课教学模式从本质上是一种对教与学进行支持的新型课程资源。并且，微课教学模式与其他与之匹配的课程要素共同构成了微课程。从这点来看，其属于课程论的范畴。当学生通过微课教学模式开展学习时，他们就是以微课作为媒介与教师产生交互活动，通过面对面辅导、在线讨论等进行直接交互，从而产生有意义的教学。从这点来说，其属于教学论的范畴。

（二）微课的结构

从微课的课程属性出发，其需要具备必备的课程要素。具体而言，主要涉及四大要素：目标、内容、活动、交互和多媒体。

1.目标

目标是指教师预期微课教学模式的适用教学阶段，以及期望教学所要达成的结果。因此，高校英语微课教学模式主要包含以下两层含义。

（1）应用目的，即设计开发微课教学模式的原因。这与微课教学模式是在课前、课中还是课后运用有关。

（2）应用效果，即教师在使用微课教学模式后期望学生能够解决的具体问题，如掌握某一题目的解题技巧、引发学生思考等。

一般来说，微课教学模式的目标是具体明确、单一的，其对于微课内容和应用模式的选择起着重要的指导意义。

2.内容

内容是指为微课教学模式的预期服务的，与特定学科相关的，有目的、有意义传递的信息与素材。也就是说，高校英语微课教学模式的内容是教师实现预期目标的信息载体。根据微课的目标，并结合学生的学习情况以及准备应用的教学阶段等教学实际来设计微课教学模式的内容。微课内容不同，教师对教学活动的设计也不一样。但是，由于微课的时间很短，内容上往往具有主题明确、短小精悍、独立的特色，因此需要教师对微课内容进行精心选取。

3.活动

活动是主体与环境相互作用的过程，其中环境涉及主体本身、其他主体以及客体。“教的活动”，是指教师这一活动主体与特定微课内容这一客体之间的相互作用过程，通过这种相互作用，将教学信息有效传递出来，以帮助学生对课程内容进行理解与思考。教的活动是实现微课目标的一种有效方法。从方法上来说，教的活动可以分为教师的演示、讲授、操作及其与其他主体间的互动等活动类型。

4.交互和多媒体

要想完成微课教学中教的活动，教师必须要借助某些特定工具，保证学生能够正确理解微课内容的意义，从而实现学生与微课的相互交流。在微课教学模式中，这种工具主要包含以下两种。

（1）交互工具。学生进行微课学习，能够促进学生与微课间进行操作交互和信息交互。

（2）信息呈现工具——多媒体。多媒体能够更好地帮助教师对教学内容进行表达和解释，提高学生在进行微课学习时与学习资源间的交互有效性，如微课中课件、动画、图形、图像等的呈现。

总之，微课教学中这四大因素是相互影响、相互关联的。通过对这几大要素的设计，有助于教师构建一个具有结构化程度的数字化课程资源。

（三）微课的理论基础——变构学习

微课是建立在建构主义、人本主义等理论的基础上的。但是，其也是依据变构主义理论形成的。因此，变构学习理论是微课的理论基础。下面对变构学习理论进行分析。

1.变构学习模型的定义

“变构学习模型”主要具有如下两点相互关联隐喻。

（1）变构蛋白质特定的功能是由位于氨基酸序列上起决定作用的活性位点之间的关联所决定的，与氨基酸序列并没有关联。由此可知，学习的发生，也就是学习者的思想（概念系统）重构，“不是记录观念并按顺序排列，而是学习者主动对这些观念建立关联，并使这样的关联活化”。

（2）外部环境改变变构蛋白质的形态与功能。因此，学校教师或其他教育人员都是不可能直接参与学习者个体的思维的，只有借助对教学环境的操作才能对学习者的概念系统带来干扰，以此提高学生的学习效率。

2.变构学习模型对学习机制的解释

变构学习模型对学习机制进行了具体的阐释，可以总结为如下几点。

（1）概念是一种思考方式，不是通过从教师到学生的传递而获取的

根据变构学习理论的观点，在成功的教学中，学习者必须具备适当的概念，同时形成可持续发展的概念系统，这样他们才能学会学习。

学习者的思维过程不可能是完全被动的记录系统。教师呈现特定的话题前，学习者大脑中已经存在一些关于这一话题的各种想法、习惯、问题等。换言之，学习者自身具有一个特定的解释系统，这一解释系统就是概念系统。这一概念系统具体由如下两大部分构成。

第一部分是学习者依据以往生活情境所形成的关于世界的心智图景，包括家庭、情感、文化习俗、自然、地理等方面的经验感知。

第二部分是学习者进行判断与行动过程中运用的推理方式。

上述两部分结合起来，就可以帮助学习者从其所处的世界中获取意义。由于概念系统中包含了所有学习者对信息进行重构的方式，因此，学习者所运用的概念系统对知识的建构起着决定性的作用。

（2）知识的获取是由学习者已有的概念系统转换过程所致

知识的获取必然要经过一个名为“概念精制”的活动。概念精制指的是“学习者借以把新信息同所调用的知识进行对照并产生出对解答它们的问题更为适当的新意义，从而实现概念系统转换的手段”。由该定义可知，实际上，只有当学习者的心智结构实现了全面重组之后，他们才能对某一模式有一个真正的了解，或能够真正地运用某一概念。

3.依据变构模型的教学

上述对变构学习进行了论述，在此基础上来分析依据变构学习模型的教学。基于变构学习的教学应注意以下几个方面的内容。

（1）激发学生，启动学习

在学习中，学生只有受到激发，才能对学习产生兴趣，才能积极主动地从正在处理的知识中提取意义。因此，在教学设计中，教师应注意了解学生的兴趣所在，同时找到相关的背景信息，在此基础上，创设合适的情境，同时提出一些问题，这些问题应保持在学生可达到的范围之内。

（2）诱发概念系统失衡

“困惑”或“扰乱”状态是产生学习渴望和发生学习的最佳时机。通常情况下，学生往往会通过概念系统来对其周围的世界进行认识与理解。因此，在教学过程中，教师应注意创设学习环境，从而让学生置身于某一情境中，让他们意识到自己的推理与新的情境之间存在一些矛盾，这样学生原有的概念系统就会产生“动摇”，转换原有概念系统，形成新的概念系统的需求就会随之产生。

（3）引导学生学习元认知

在教学中，教师应注意引导学生对知识进行全面的理解，培养他们形成良好的思维方式。因此，教学设计除了要让学生获取知识之外，还应引导学生掌握一些思维技能，激发学生在知识过程中进行思考、想象，从而培养他们的好奇心、逻辑推理能力，提高他们的自信心。长此以往，学生就会意识到，知识包含很多类型，主要有具体知识、技能、行为三种；它们互相依赖、互相影响，是一个不可分割的整体，只有四者共同发展时，才有可能形成一套与自己思维习惯相符的推理思考方式。

（4）引领学生探索

在学习过程中，如果学生遇到难以解决的问题或困难，通常会丧失信心，容易变得紧张、焦虑，这就会给学习带来很大的阻碍。这就要求教师在教学中努力营造一种轻松、信任、安全的课堂氛围，让学生积极面对困难，勇于探索。教师不应仅仅是知识的传授者，更应该是学习条件的组织者，在必要时引导学生树立自信，引领学生积极探索，从而完成学习目标。

（5）帮助学生启动思维助手

思维助手就是教师为了帮助学生完成学习目标而提供的各种信息媒介与方法。各种各样的干预情境都可以作为思维助手，如为了学习某一科学原理而采用的隐喻、故事、游戏、模拟、小组学习、专家的介入等。这些都可以给学生创造触及知识的机会，从而实现与知识的互动以及概念系统的转换。

（6）给学生提供想象与创新的机会

想象对学生的学习具有积极的促进作用。通过想象，可以使真实世界与科学世界之间的距离缩短，从而使学生对两个世界有一个更准确的认识与理解；通过想象，学生有可能形成理论化思维，且可能打破原有知识的藩篱，找到目前还不明晰的问题解决方法，这样就有形成原创性想法的可能。总之，想象可以帮助学生超越已知，探索未知。因此，在教学中，教师可根据具体教学情况设计“想象”任务或专栏，给学生提供想象的机会，引导他们对自己的假设进行检验，从而缩短通达正确理解的进程。

（7）营造知识的“再投资”情境

学习知识的最终目的在于运用。学生所学习的知识只有经过运用，才能得到活化，也才具有可用性。因此，在教学设计中，教师应注重营造知识“再投资”的情境，也就是让学生能够对所学习的知识进行“再投资”。“再投资”通常是以建立组织性、交互性的概念为中心来展开的，这样做有助于学生在已有知识与所学习的领域之间构建一个网络，同时便于他们对不同概念之间的相互作用有一个更好的理解。

4.依据变构主义模型的微课教学

根据变构学习理论的观点，“新概念是原有概念结构的原有信息与新信息的重构，是通过原有信息和新信息都解构成旧、新数据而重构的”。

大数据时代下，新的信息与新的数据是受到原有概念的牵引，通过手动搜索引擎在“云”端查询而获取的。

面对“云”的丰富的新景致，很多学习者容易受到牵制，面对自己的问题也往往不知所措。主要原因在于学习者缺少自主学习策略。在微课教学中，教师应引导学生在学习开始之前，首先拟订好提纲，然后依据提纲，循序渐进地学习。具体而言，教师可以让学生将大目标进行科学的细分，划分为若干个小目标。学生每完成一个小目标，教师应注意鼓励学生，从而逐步实现大目标。如果只有大目标，没有小目标，这些大目标很容易给学生带来压力，这样学生在上网学习时，其兴趣可能会发生转移，从而影响学习效率。

（四）微课的类型

由于国内外学者对微课教学模式没有一个统一的界定，因此，其划分的标准也存在明显差异。就目前来说，在我国较为公认的就是南京某大学教授于2013年提出的分类标准。

1.讲授类

在微课教学平台和大赛中，讲授类的微课教学模式是非常常见的。其主要适用于教师使用生活化、口语化的方法向学生传授知识与技能。

从英语这门学科来说，主要可以给学生介绍语篇作者和重要人物简介、背景知识、文学常识等。

2.问答类

问答类的微课教学模式，就是通过教师根据教学设计向学生提出问题，也存在一些自问自答类的。当教师提问完之后，让学生暂停视频的观看，学生思考一段时间后得出自己的答案，进而继续视频的观看。问答类的微课教学模式可以用于课前导入和课后的练习或复习，这一模式主要是为了引导学生进行自主学习或者对学生的知识掌握情况进行巩固。

3.讨论类

讨论类的微课教学模式在课堂教学活动中是非常适用的，通过围绕某一主题或者中心主旨，让学生发表自己的看法和观点，这样有助于学生与教师思维的碰撞，大大开拓了学生和教师的思路。可见，这一类型的微课教学模式对于英语教学而言是非常重要的，有助于调动学生的积极性和主动性。

4.启发类

启发类的微课教学模式是要求教师根据学生的实际学习水平和情况，结合当前的教学目标、重点与难点、教学任务等创设适合学生的学习环境，调动学生的学习兴趣和积极性，从而让学生能够独立思考，解决自己学习中的问题。

5.演示类

演示类的微课教学模式也适用于教师的课堂教学之中，通过将教具或者实物清晰地展现给学生，或者给学生做示范性实验，让学生通过观察逐渐获取感性知识的过程。在这一过程中，学生可以逐步验证和说明教师所讲授的知识。

6.实验类

实验类的微课教学模式在英语教学中并不多见，而常见于物理、生物、化学等学习中。在教师的指导下，学生通过使用一些材料和设备，改变某些参数，使得实验对象发生改变，进而学生对这些改变进行观察，最后得出结论，验证自己的所学。

7.表演类

在英语教学中，教师还可以使用表演类的微课教学模式，即让学生进行角色扮演，将课文内容呈现出来，通过这种创设情境的娱乐性方式，学生不仅能够加深对文章的理解，而且能够提升自己的审美能力。

8.练习类

练习类的微课教学模式主要是为了检测和巩固课堂教学的成果或者学生的自主学习情况。学生只有通过反复性地完成某一动作，才能掌握其技能或者形成自己的行为习惯。这在英语学习中也不例外，即学生需要经过反复的练习，从而最终掌握英语这项技能，便于之后的顺利交际。

9.自主学习类

自主学习类微课教学模式也是一种常用的微课教学模式。在这一类模式中，学生占据主体地位，在学习过程和任务中发挥自己的主观能动性和自主能力，通过自主的分析、探索、实践等达到自主学习的目标。

10.合作学习类

合作学习类微课教学模式在学生与学生之间、小组与小组之间是非常适用的，主要是为了彼此之间可以相互交流和促进，从而提升学生个体的自觉性和参与性，提高学习的效果和质量，扩展学生的个体思维，增强学习的有效性。

11.探究学习类

在探究学习类微课教学模式中，学生发挥自己的主动性，对于新知识或者未知的领域，开展猜想和探索，再加上现有条件和资源的辅助来获取知识和技能。

一般情况下，一节微课作品往往只使用一种微课类型。但是，分类并不明确，也不是绝对的，微课可以适用于两种及其以上的组合类型，如合作探究类微课教学模式、启发讨论类微课教学模式、讲授练习类微课教学模式。从我国微课平台上的微课作品分析，讲授类的微课教学模式占据绝大多数。只有对微课教学模式的类型有一个清晰的了解，才能更好地启发教师。在微课的设计与制作上开阔自己的视野，还能够启发学生更好地进行思考。

（五）微课的优势

从微课的定义与构成上不难看出，微课与当前信息技术相适应，也与《高校英语教学指南》相适应，是一种新兴媒体在教学领域的运用。可以说，微课在高校英语教学中的优势非常明显。

1.教学内容少

微课教学模式主要是对课堂教学中某一知识点教学的凸显，或者是对教学中某一环节或者某一主题活动的反映。与传统教学内容相比，高校英语微课教学内容精简，更符合教师的需要。

2.教学时间短

一般来说，高校英语微课教学视频时长为3～8分钟，最长也不应超过10分钟。相比之下，传统课堂教学时间长，一般为40～45分钟。因此，微课常常被称为“微课例”或“课堂片段”。也就是说，微课教学时间短。在当前的高校英语教学中，使用微课教学模式展开教学有助于集中学生的注意力。

3.资源容量小

通常情况下，微课教学模式中的教学视频及配套资料的容量约为几十兆，容量一般比较小。视频格式多为支持网络在线播放的流媒体格式。在高校英语教学中，微课这一模式有助于教师与学生间流畅地展开交流。

4.资源构成情境化

高校英语微课教学的内容通常具有鲜明的主题，且指向也完整、明确。教学视频片段是微课的主线，并以此对教学设计及其他教学资源进行统整，从而构筑成一个类型多样、主题凸显、结构紧凑的“主题单元资源包”，也创造出一个真实的教学资源环境。这就使微课资源具有了视频教学案例的特点。这样真实、具体的情境不仅有助于学生提升自己的思维能力，而且有助于提升教师的教学技能和学生自己的学业水平。

5.反馈及时、针对性强

微课教学内容少、教学时间短，可以在短时间集中开展“无生上课”活动，因此，教师和学生都可以迅速获取反馈信息。此外，每一位学生都可以参与课前组织预演，相互学习与进步，这在一定程度上有助于减轻教师的压力，保证英语教学活动顺利开展。

6.主题鲜明，内容具体

微课课程的开展是建立在某一主题上的，其研究和探讨的问题也主要来自具体、真实的教学实践。例如，教学实践中的关于教学策略、学习策略、重点难点、教学反思等问题。

7.成果简化、多样传播

由于微课教学内容主题鲜明，内容具体，其成果易于转化和传播。同时，微课教学时间短、容量小，其传播的方式也是多种多样的，如网上视频传播、微博讨论传播等。

二、高校英语微课教学模式的实施

就当前的教学实践来说，微课有着重要的发展前景。虽然微课的设计是当前研究的重点问题，但是也不能忽视微课在教学实践中的应用。因此，下面就高校英语微课教学提出一些建议。

（一）构建微课学习平台

微课教学模式主要建立在视频这一载体上，同时还需要一些辅助模块，如微练习或互动答疑等，这些对于提高学生的学习兴趣、培养教师的信息化应用能力十分有益。其中，一个较为创新的方法是微慕课平台，即使微课教学模式展现出慕课模式的系统性和专业性。这一平台具有一定的知识含量，且有结构灵活、系统性强、制作成本低等优点。

（二）提升微课视频录制技术

微课录制技术更追求质量，而且要尽可能地简单，使教师乐于录课，并能够快速提升自己的微课录制技术。另外，微课的研究人员需要在网络多媒体技术上进行改进和发展，追求卓越，尽可能地使微课教学模式普遍开来。

(三) 加强微课资源的开发与共享

当前的高校英语教学中仍旧存在着教学资源不均衡的情况。而微课的出现，使得优质的教学资源通过网络传送到全国的高校中，从而实现资源共享。

三、微课在高校英语教学中的应用实践

(一) 微课在高校英语教学中的应用

1.微课在高校英语教学中应用的意义

微课将高质量且精短的视频授课素材当作根基，全面地展示数字化信息科技时代的优点，所以它在多方面领域内得到了推广使用，并高效地促进了多区域教学行业的发展。我国高等学府英语授课引入该授课方法，迎合了社会经济进步的潮流及教学方面进展的需要。大学阶段的英语授课也应该改变老旧的授课方式，把学生自身的学习需求综合到授课计划里，通过应用多种丰富的科目素材引起学生学习的兴趣，而且可以把英语解说的时间适当减少，使学生可以在高效的指引中主动学习、主动解答。其授课方法的使用适合英语方面授课的需求，使学生在短时间之内掌握所学内容的关键点，并且可以主动将学习时间安排好，与教师、其他学生进行全面的沟通，此类将解答作为目的、提高学生自主学习的授课方法可以迎合学生各自的学习需要，从而进一步具备高效性及适用性。

2.微课在高校英语教学中的应用环节

（1）课前准备

首先，根据全班学生英语的基本情况拟定一个科学合理的学习计划，要充分利用学生的闲暇时间，让学生在课前一边观看微课，一边拟定一个适用于自己的学习方式，这样他们在未上课之前就已经体会到浓浓的学习气氛；其次，通过所制订的学习方案，让学生清楚地明白本堂课的教学重难点，再根据学生英语学习的基本情况，编写一个容纳所有教学重点的导学案，以此来激发学生的学习热情，让他们积极地投入学习中来；最后，教师要在备课的时候认真钻研教材内容，预先勾选出教学中的重点难点，让学生在课前就翻阅资料进行预习，某些内容可能涉及以前学过的句型、语法，将其挑出并让学生进行复习，以加深印象。

（2）课中授课

这一阶段主要有四部分内容：（1）导入课题。这一部分尤为重要，只要导入成功，可以大大提高学生的学习热情。所以教师可以用讲故事、说笑话、做游戏这样的活动进入课题。（2）借助微课来讲解本堂课的具体内容。通过由浅入深的分析，将所授内容进行归纳整理，以便于学生对知识点的掌握。（3）借助做习题的方式帮助学生加深印象，并且将所学知识用于实际。教师能通过这种方式来检查学生对知识的掌握情况，出错率高的知识点应该再次讲解分析。学生也能通过做题了解自己知识的薄弱点，可以选择当堂询问教师，也可以选择课后学习理解。（4）知识延伸。首先，教师为学生解疑释惑，然后回顾本堂课的重要内容，再借助做习题的方式检查学生对知识点的掌握情况，最后在已经熟练掌握所学知识的条件下，再进行更高层次的知识的学习，开拓学生的视野，扩充学生的知识面。

（3）课后反馈

这一阶段主要有三部分内容：（1）课后的作业布置。下课之后布置与课程内容相关的题目，用来检查学生对教学内容的掌握情况。（2）学生的自主温习。如果在课内有个别内容未能消化理解，在课后找到相对应的微课视频进行再次学习。当然，在进行温习功课的时候也可以选择再次浏览微课视频，不仅能帮助学生梳理所学知识，而且能再现课堂内容，加深印象。（3）学生互动讨论。若在学习上遇到困难，可以借助微课视频和同学们进行探讨，通过这个环节，自己不仅解决了问题，而且巩固了知识。

3.微课在高校英语教学中应用的路径

（1）依据学生实际需求，合理设定微课内容

教师应该根据学生学习语言的具体需要来确定微课的开展方式，教学内容须合理而丰富，以获得预期的教学效果。大学阶段，学生学习语言的需求主要有两个方面：一是需要学习一些英语课程的基础知识；二是提高自身使用英语的技能：教师可以以此为目标设计微课。针对学生学习基础课的需要，微课中要包括大学四、六级考试的相关内容。应根据高校英语的教学目标，按不同的内容和顺序设计微课的内容，如语义知识和篇章结构知识。对学生进行听力、口语、阅读及写作能力的培养也是高校英语教学中的目标，教师应该据此目标制作一些相关的微课视频，方便学生根据自己的需要选择学习。将微课引进教学过程后，教师

应当及时建立起一个方便、快捷的交流平台，引导学生在这个专用平台上开展交流，讨论遇到的问题，潜移默化地提高他们参与微课的热情。

（2）重视媒体资源的选择，做好微课权利的保护

微课的教学视频是微课重要的教学资源，所以必须要做到制作精良、选择准确、共享便捷。视频类资源是微课视频的制作基础，目前我国网络上的各类视频资源质量良莠不齐，因此需要制作者针对大学语言教学的需要进行精心的筛选，努力制作出质量上乘、丰富实用的微课视频，让微课教学健康有序地在高校英语教育中发挥应有的作用。从法律层面来看，我国的互联网资源在产权保护及共享方面还缺少严格而周密的相关规定。因此，高校和教师都应提高这方面的意识，在积极投入人力、物力、财力，加快制作微课视频进度的同时，也要注意保护好属于自己的微课视频的著作权。只有做到发展和保护并举，高校英语微课教学才能沿着健康、高效的道路前进。

（3）重视教学经验总结，完善高校英语微课教学系统

在高校英语教育中引进微课的形式，对于促进高校教学改革意义重大。在高校英语教学中推广和运用微课的模式，可以推动微课研究的深入开展。学校和教师应当从微课的教学实践中总结经验，不断更新微课的授课内容和教学方法，在教学的过程中发现问题、解决问题、积累经验，争取创建并发展一套科学实用的微课教学理论，使之成为微课教学不断取得进步的基础。直接面对学生的教师应当结合自己的角色优势，边摸索、边分析、边总结，把自己的教学实践经验同微课的教学理论结合起来，努力探索新的可以与微课相辅相成的教学方法，把微课教学的优势充分发挥出来，促进高校英语教学改革稳步推进。微课具有便捷、开放、活泼、丰富的特色，这种教学模式可以成为高校教育的一种新思路和新方式。在制订微课教学计划时，不仅要与教学目标和计划相符，还要考虑学生学习语言的需求，对课程做出合理的安排，建立起可供学生交流互动的优质平台，以获得预期的教学成效，使得高校英语教育变得更具实用性。

4.微课在高校英语教学应用中的注意事项

（1）目标明确，主题分明

一次微课解决几个问题就容易使目标不清晰，定位不准确，最后导致主题不明确，这就不能达到微课应用的效果。目标过多，容易使微课变成了压缩了的课堂教学，使微课流于形式，失去其真正的意义。因此，在高校英语教学中引入

微课教学的教师一定要注意这一点，它是决定微课使用成败与否的关键因素。

（2）把握时间，不宜过长

很多英语教师没有真正弄懂什么是微课，往往在进行微课设计时，内容繁杂，时间过长。微课应该把握好时间，一般在1~3分钟之内，也可以稍长到5分钟，时间过长，会影响学生观看学习的效果。微课兴起后，很多高校英语教师尝试将微课运用到自己的教学中去，可是初期，很多教师对于微课了解不深，误把微课当成课堂教学的微缩版，把微课录制超过10分钟，甚至到20分钟，时间过长，内容太多，达不到微课的真正效果。其实，微课教学视频长度以小于10分钟为宜，这样既能将一个知识点内容讲透，又不会花费学生太长的时间。

（3）结合教师教学，给学生启发与思考

虽然“微”是微课的核心内容，但是教师设计制作微课时也要花费不少的时间与精力。每一段微课视频都包含着教师的教学理念，教师也要对其进行整体的设计，还要以任务驱动、问题向导、反馈互动为基本原则，使学生在学完微课之后能够获得知识。微课在应用上较为灵活，教师可以通过微课进行教学辅助，还能够让学生通过微课提高自主学习、自己思考的能力，好的微课会使学生的生活与学习都得到帮助。微课产生并应用于高校英语教学之中，使得高校英语教师在完成教学任务方面更加轻松，还对学生扩展知识面，提高学习兴趣有一定的帮助。此外，微课的应用也对高校英语教师提出了更高的要求，教师在设计制作微课时要全面考虑、反复修改，使微课和课堂教学能够很好的融合。这就要求教师要充分了解微课的概念和特点，分析高校英语教学亟待解决的问题，利用微课，拓展高校英语课程的教学思路和教学方法。

（二）微课在高校英语教学中的实践

1.微课在英语阅读教学中的应用实践

（1）前期分析

微课是一种新的教学形式，也是一种新的资源，在确定微课的学习目标，确定微课的主题时，要充分考虑高校英语阅读教学的目标，结合大纲的内容，使之与学习者的需求相契合。教师设计微课时要提前做好准备工作，包括要提前了解英语教学大纲的难点和重点，掌握和明确学生学习的目标，准确预测学生学习的结果。

（2）内容设计

在英语阅读教学中，教师对微课程内容的设计应从阅读技巧、阅读文本类型、篇章结构几大模块规划。微课的制作应遵循连贯性的原则，使学生更好地建立阅读知识体系和掌握阅读技能。

英语阅读中包含以下几种基本的阅读技巧，教师按照每种技巧的理论知识及实践操练的原则设计该模块的微课。阅读技巧模块包括语境中的词汇、主题思想、支持性的细节、隐含的主题思想和中心论点语句或段落间的关系、事实与观点、推理、目的、语气和论证等。

不同阅读文本类型具有不同的特点，教师按照每种文本类型设计微课，使学生用最直观的方式了解每一文本类型的阅读方法。包括：关注信息功能的阅读文本，如新闻类阅读、学术著作类阅读等；关注表达功能的阅读文本，如小说故事类阅读、诗歌类阅读、杂志类阅读等；关注呼唤功能的阅读文本，如广告类阅读、通知类阅读、说明书类阅读等。

篇章结构模块中，教师应从横向和纵向两个结构篇章结构入手，设计微课程。横向结构包括并列结构和对比结构；纵向结构包括总分结构、分总结构、总分总结构、因果结构、递进结构等。

（3）视频制作

制作微课可以通过以下三种渠道：①由教师自行根据教学的进度来录制；②由学校专职的信息技术人员指导完成；③交由社会上专业的制作公司制作。

（4）课堂设计

微课的一个重要内容就是进行课堂真实教学过程的录制。一些早期的国外录制的微课程其实就是“翻转课堂”。英语微课非常适合翻转课堂时使用。课前使用微课能够引导学生更好地熟悉教学的内容，在课堂上使用微课，可以让微课更有益于课堂教学的推进，增强课堂教学时的趣味性，提高实用性。当翻转课堂时运用微课来进行，则可以令学生自主选择参加微课学习的时间。

（5）评价

制作好微视频的教材后，教师应当及时将这些视频上传到学生熟悉的网络平台上，以方便学生在线进行学习。教师应当在学习微课的平台上增加即时评价的版块或功能，以增强师生间互动的效果，提高教学的质量和效率。教师教学目标评价及总体设计评价两方面入手，这样教师能够及时得到学生通过微课学习效果的反馈，并针对学生的评价进行分析，帮助学生指出在学习过程中的不足，也可以让教师及时调整微课的内容。由此，教师就可以根据学生在平台中的动态进行信息搜集，从而改进平台功能以及教学内容。综上所述，将微课应用于英语阅读教学是合理的选择，也是顺应教育信息化的时代需求。英语阅读课教师要加强教学与信息技术的整合，提高对微课的开发和使用，使它真正服务于英语阅读课程教学。

2.微课在英语写作教学中的应用实践

（1）实践准备

要对教学内容进行研究整合，制订教学目标，在实用英语的写作上要注意理论和实践相结合，也就是在课堂上，教师既要将写作的理论和技巧进行传授，也要加强对于理论的实际运用，满足人才培养方案的要求。具体所讲授的知识和内容应该包括如何填写注册登记表、如何写通知、如何对于电话留言进行记录、如何进行名片制作等。

通过微课的形式，将在课堂上学生没能完全掌握的重难点进行重复讲解，还可以将网上的对于英语写作有帮助的作品放在微课中，尽量多地帮助学生积累写作学习的资源：并且为了监督了解学生在微课上的自主学习情况，可以增加线上答疑、检测、调查等形式。

为了帮助学生在微课的学习中记录自己需要的学习资料，教师可以了解学生的学习情况和反馈，应该在微课中建立学生的自学档案。这样教师就可以通过学生档案了解到学生在课下自主学习的时候，具体的学习情况、心得体会、为自己制订的目标及完成情况，如果发现问题，可以吸取经验在下次教学中进行补充完善。

（2）教学实践

在课前，教师通过微课帮助学生进行课前预习，在微课中会向学生介绍在课上将会讲解到的具体内容，并且留下预习的作业。比如，在课上将要讲解实用英语写作中通知的写作方法，那整个课堂需要完成知识和技能方面的两个目标，即完成让学生掌握规范的书写要点和常用句型以及应该注意的事项的知识目标，还有培养书写英语通知的能力的技能目标。教师通过对比教学和案例教学的方式上传资料，学生在了解学习内容后，通过自主地查阅视频和文字资料，完成课前预习的内容归纳。学生在网上提交教师布置的作业，教师进行批改，教师也可以在线帮学生解答问题，了解他们的学习感受。在课中，教师的授课重难点可以根据学生课前在微课上的反馈情况确定，帮助学生进行知识内化。教师可以在教学的过程中播放视频，设置一些写作的情景然后让学生进行写作练习。学生练习可以采用自主探究或者是小组讨论共同完成的形式，教师在这个过程中对学生进行指导。在学生完成写作任务之后，由教师或者集体进行评分。教师经过不断的写作和点评帮助学生完成知识建构。在课后，教师帮助学生进行知识拓展，将在课上学生写出的优秀作品在微课上进行展示，跟全体学生分享，还包括举办的其他类型的英语学习活动都可以在校园或者微课中分享。为了鼓励学生，教师还可以给予适当的奖励。

3.微课在英语翻译教学中的应用实践

（1）在翻译理论教学中应用微课

多年以来，我国的高校英语教育多为应试教育。对教师教学的要求层次比较低，课程安排比较少。那么教师只能利用有限的时间尽量传播基础知识，而没有办法深层次讲解英语翻译教学。所以大学生常常只是学得了大量的英语词汇，并且知道了一些语法，但是当实际应用英语的时候，却会屡屡遇到障碍。例如，课上或者课下需要用英语进行翻译时无法做到顺畅地表达，甚至翻译的内容表达出的目的会偏离文章的原意。要知道翻译的实质，是一定要遵从文章的本意，顺利地将英语转换成汉语，当然也要会把汉语转换成英语。那么如果想教授学生翻译知识，还是需要利用课上时间进行翻译教学。比如，可以占用课堂上10分钟的时间，集中进行翻译理论讲解，以求达到提升学生翻译能力的目的。那么当学生学到这些知识要点后，会翻译得更加流畅合理。首先，教师在课堂教学开始之前，需要对自身掌握的翻译理论进行总结分析，将有应用价值的翻译理论整理出来，进行讲解，并罗列出具体的案例；其次，在课堂教学中，教师可以先为学生播放微课课件，通常情况下，微课课件的时间是在5~15分钟之内，在短时间的播放中，语言讲解与图片、音乐等结合起来，可以为学生创设一个良好的学习环境；最后，在微课课件播放完成之后，教师可以进行二次总结，与学生就课件内容进行讨论，在活跃课堂氛围的同时加深学生的记忆，促使学生能够掌握翻译理论知识。

（2）在翻译实践教学中应用微课

当教师为学生讲解完理论知识之后，教师就应带领学生实践，让学生在翻译过程中熟练掌握翻译理论技巧，锻炼对翻译技巧的应用，提高翻译水平。举例来说，教师在课堂上可以让学生翻译一些一年中的热点新闻。教师需要在课前在网络上收集最新的热点文章，然后截取片段，制作成微课课件，之后教师先为学生播放课件，让学生在观看课件之后进行文章翻译。因此，教师可以截取文章中的一部分，在课堂上让学生进行翻译，之后将原文告诉学生，让学生进行对比，找出自身翻译中存在的问题。在多次的实践锻炼中，学生的翻译能力将会有显著的提高。

（3）在跨文化意识培养中应用微课

学生在进行翻译时，会受到本土文化的影响，按照既有的文化意识翻译。所以为了翻译得更加准确合理，需要学生加深对西方文化的了解。当学生翻译西方故事时，首先需要充分了解西方文化，然后要调查故事背景，最后要努力将故事的原意表达出来。教师应该根据学生翻译的需要，在教学过程中利用10分钟的微课，向学生传递西方文化知识，让学生充分了解西方社会背景和风俗民情，帮助学生提升翻译的准确度。因此，高校教师在开展英语教学过程中，要注重翻译教学，积极采用多种教学模式，理论与实践相结合，不断提升教学技能。将总结出的教学经验融入微课教学，拓宽翻译知识讲解范围，以提升教学效率。这有利于为学生的翻译知识打下牢固的基础并可以帮助学生在未来从事英语方面的工作时能做到游刃有余。社会不断发展，企业规模不断扩大，越来越需要大量专业翻译人才，并且需要他们拥有较高的素质。为了迎合社会和企业的需求，学校应加大对高校英语翻译教学的重视程度。对存在的问题，抓紧研究，全面分析总结，不断调整学校的课程安排和学生的学习内容。充实教学内容，鼓励使用多种教学方法，大力支持高校英语翻译教学，促使其有实质性的进步。

第三节　高校英语慕课教学模式

在网络多媒体环境下，慕课模式以关联主义为基础，开展大规模的在线教学方式和学习方式。慕课模式的形成和发展并不是偶然的，而是经过时代的发展和信息技术的进步。本节就来分析高校英语慕课模式。

一、慕课的内涵、优势与实施

（一）慕课的定义

慕课是一种在线课程开放模式，是在传统发布资源、学习管理系统的基础上建立起来的课程模式，又称为“大型开放式网络课程”。慕课主要由具有协作精神与分享精神的个人组织的，他们将优异的课程上传到网络，可供需要的人下载和学习，目的是促进知识的传播和发展。

慕课是一种以开放访问、大规模参加作为目的的一种在线课程。慕课的英文字母是MOOC，这四个字母分别有其代表的含义。

M：代表参与这种开放性课程的人数多，规模大。

O：代表这一课程具有开放性，只要是想学习的人都可以参与其中。

O：代表这一课程学习的时间是非常灵活的，想学习的人可以自主选择。

C：代表课程包含的种类众多。

（二）慕课模式的优势

慕课模式应用于高校英语教学，必然会引起重大的教学理念与教学方式的改变。也就是说，慕课模式对当前的高校英语教学意义重大。具体而言，慕课模式具有如下几点优势。

1.提供能力培养平台

我国的高校英语教学虽然一直在不断变革，但是总体上还是将重心放在基础知识教学上。这种教学模式必然阻碍学生将英语教学与专业结合起来，也就很难实现自己综合能力的提升。

受这一教学理念和教学背景的影响，很多学生忽视了英语的学习，并没有意识到英语这一工具的作用。慕课的出现能够为学生提供最新的发展评估和专业动向，有助于激发学生的学习动机和兴趣，促使学生提升自己的专业能力，解决英语教学与自己专业的问题。

2.平衡不同学生水平

高校学生来自不同的地域，各地学生的教学水平存在差异，因此，学生的学习能力和学习基础也高低不同。在统一的大班英语课堂上，教师很难实行一对一教学，只能从宏观上对学生进行指导。在这样的教育现实下，很多学生已经追赶不上教学的进度，或者不满足于当前的教学水平。

慕课模式通过开放性的网络平台，给学生提供了有针对性的教学，便于缓解教师教与学生学的矛盾。同时，该模式不受时空限制，既有利于促进基础好的学生能力的发展，也有利于基础差的学生知识的巩固。

3.形成语言使用环境

对于我国学生而言，英语是第二语言，因此本身缺乏语言学习的环境，导致学生在课堂上学到的知识很难在现实中应用。很大程度上说，这降低了学生学习英语的成就感，也对日后学生的语言能力提升十分不利。

慕课的出现能够为学生创设良好的语言学习环境，即学生可以接触到真实的语言，甚至可以与世界上其他国家的人进行交流，这都有助于提升学生自身的听说能力。

4.扩大学生知识储备

我国的高校英语教学主要是围绕课堂教学展开的，面对短暂的教学时间、繁重的课业压力，课堂教学很难给学生带来充足的知识。相比之下，慕课教学模式以网络为平台，向学生提供丰富的知识，方便学生进行提取，不仅扩大了学生的知识储备，而且丰富了学生的学习效率和兴趣。

（三）慕课模式的实施方法

作为一种新兴的高校英语教学形式，慕课模式往往会通过以下几个步骤进行教学，即课程设置多样化、上课方式多样化、考核方式多样化、传统课堂与慕课结合。

1.课程设置多样化

就当前的高校英语教学来说，慕课模式改变了传统教学模式的单一状况。就师资力量来说，传统的高校英语教师资源非常有限，所讲授的课程针对性也不明确。就教学材料来说，目前大多数高等院校并没有采用与学生相适应的专门教材。就课程设置来说，虽然各大高校都设置选修课，但是这些选修课大多是为英语四、六级考试设置的。对此，慕课教学模式根据学生的兴趣和需要来选择课程，大大提升了学生的注意力，从而提升了学生学习英语的质量和效率。

2.上课方式多样化

虽然我国各大高校都在推进高校英语教学改革，上课形式也不再单一，但是仍旧将教师讲授作为中心，其中穿插的多媒体也只是一种辅助形式，是教师板书的延伸而已。但是，在网络多媒体不断发展的背景下，慕课模式实现了上课方式的多样化，学生可以坐在电脑前学习，或者手拿平板电脑进行学习。

3.考核方式多样化

在网络多媒体教育环境下，高校英语慕课模式的关键在于考核方式的多样化。如果仅仅依靠传统的笔试或者论文式教学，那么就很难将学生的实际水平测试出来。在慕课模式下，考核方式的多样化主要涉及两点：一是探索个性化考核方式，即根据不同层次的考生设置不同的测试题目；二是探索开放性的考试方式。总之，无论是个性化考核方式，还是开放性的考核方式，其前提都是为了激发学生的学习积极性和学习兴趣。

4.传统课堂与慕课结合

之前已经介绍了慕课模式的优势，但是在发挥慕课模式的同时，还需要注意两点问题。

首先，高校英语慕课模式教学还有很长一段路要走，因为需要对教师进行培训，还需要准备与之配套的教学硬件设备。

其次，对于大学生来说，他们自身水平存在差异，因此，要想让不同层次的学生适应慕课模式，也有很长一段路要走。如果将所有的教学内容置于网上，那么那些本身自制力差的学生就更容易放弃，这当然是我们不愿意看到的。

因此，当前属于新旧交替时期，教师仍旧扮演着重要角色。首先，教师应该积极探索能够激发学生主动性和积极性的慕课课件；其次，教师需要对学生的基本情况有一个清晰的了解，保证慕课课件能够被大多数学生理解和把握；最后，教师还需要了解不同学生的自主学习能力，锻炼学生的心理素质，使他们尽快适应新兴的教学模式。

二、基于慕课的高校英语信息化教学实施

（一）基于慕课的高校英语信息化教学实施过程

1.第一阶段——做好充足准备

（1）重新梳理高校英语教学的知识体系

使用慕课教育形式则要求各个教师必须要自行制作教学视频，而若要令简短的视频拥有真实的教学作用，教师就必须要着重筛选视频内容。教师团队可以将某一学年的教育内容加以梳理，如按照语法之间的关联将所有知识点加以关

联。具体可以使用思维导图形式，也可以使用逻辑树，重点则在于要将所有的逻辑知识用清晰的模式加以呈现。之所以要将学习的内容加以梳理，而不是以教师经验为主进行呈现，这是因为慕课教育需要一个固定的周期性。学生只有在周期性的习惯中才能养成良好的学习习惯，而若要配合学生的这一特性，便需要教学人员将慕课教育也设定为固定的周期，且各个教学视频必须具有一定的联系，如此才能稳定学生心理层面对于“规律”的客观印象。同时，仅在网络教育范围内实现“周期性”也并不符合整体性特征，因此，高校英语教师在创建以慕课为主的教育模式时，也应该将实体课堂中可能会出现的实践类知识加以连续化，这样才能保证学生在学习慕课课程时，能够清晰地将理论课程与实践课程的实际内容加以关联，进而形成“双重记忆”效果。具体的知识图谱可以将某一种词汇作为核心，例如，将英语状语作为引导类词汇，再以其为核心延展出时间状语、让步状语从句等分项内容，以该知识体系为主进行视频的录制即可。当学生需要学习某一固定阶段的内容时，教师则需为学生提供搜索关键字，再由学生自主进行筛选学习即可。具体的知识图谱可不以上述例子为主，将各个高校英语教学部内不同的教学体系为例，但需要在高校内英语教学组的一致同意下方能成立。

（2）直接挑选慕课平台内可用的英语教学资源

慕课平台内部实际上也拥有一些已经成型的资源，这些资源大多来自国内各所名校。因此，高校实际上也可以直接为学生统一购买这类慕课资源，要求学生以此为主进行学习。但在应用慕课资源的同时，英语教学组也应该按照选定的内容重新调整实体课堂的教学思路。同样要保证学生网络所学和实际所学能够具有极高的关联性。但一般而言，已经成型的慕课课程不会以高校内部的知识图谱作为教学周期思路，因此，校方可以适当调整英语专业课程体系。英语教学组在筛选慕课课程时，应先自行查看，确认教学视频具有切实的教学价值后再将其加以应用，而一旦发现所选课程质量并未与高校所要求的水准相符，则应尽量使用校内教师进行自主制作，务必要保证学生所接受的网络教育具有切实的质量，而不是单纯地以“慕课”为主，却不具实际价值。

2.第二阶段——创建英语专业慕课技术团队

要将慕课教育技术完善应用于校内，需要一个相对稳定的活动团队。以慕课教育的应有形式为主，该团队应该分为两部分：一部分是负责标定教学内容，并可以充当教学者角色的教师团队。教师团队负责在知识图谱中筛选可用的课程内容，并将内容知识点的重难点绘制为教学纲要。具体的视频内容设计和形式也需要由教师来完成；另一部分则是技术人员。技术人员负责录制、剪辑、上传以及网络维护工作，基本上所有与教学无关但却需要妥善完成的工作，都将由技术人员负责。但高校若要保证在慕课教育实践进程中，各个英语教学组的成员能够发挥出切实的作用，便需要在正式开展教育教学前，先对教师进行培训。培训方向也分为两点：其一是对教师的专业能力进行培训；其二是对教师的慕课视频操作能力和互联网操作能力进行培训，这样一来，教师才能够妥善利用互联网与学生进行交流沟通。

3.第三阶段——实践慕课英语教育

（1）布置教学任务，网络+实体结合指导

在实践应用慕课英语教学法的初期阶段中，教师需要为学生讲解该教学模式的基本流程，也就是先为学生明确学习方向。而后学生再根据教师所给出的学习方向去往慕课学习平台，根据教师主页或直接搜索关键字查找教学视频。完成观看后，学生先需要在网络视频的旁侧查找与该课程对应的练习板块，并依照自身对于课程的理解完成对习题的解答。而这时慕课后台便能够依照学生给出的答案直接进行测评，并实时给出学生对应的成绩。整个评级过程教师不需要参与，但在教师管理页面中，可以看到整个班级内学生的成绩以及错题记录。教师也可以依照自身的教学习惯要求学生在观看视频的过程中记录笔记，并在实体课程开始前简单检查学生的笔记情况。这样一来便能够督促学生及时观看教学视频，减少学生因不参与实体课程而产生的懒惰、倦怠现象。

（2）重塑课堂活动，锻炼学生全面性实践能力

在以慕课教育为主的教学模式中，教师应该充分突出学生的主体地位。首先，在设置实践教学的过程中，需要按照本班学生的能力来设定任务内容。但也要将实践任务与慕课视频相对应，切勿出现学生学习后反而无法进行对应实践的现象；其次，教师应该将传统课堂中所用的实践教学模式加以更新，务必要使用更加新颖的教学手段。例如，以辩论形式、商贸业务形式和外贸交流形式为主，要求学生在实践活动中扮演不同的角色，全程用英语进行对话等。这种实践模式既能够令学生对就业环境有所熟悉，也可以通过专业化的场地和任务内容，提升学生对专业知识的掌握程度。

（3）成立学习小组，实现互动实践模式

教师利用实体课堂来锻炼学生的交流能力具有切实的教育价值。教师可以在课前先将学生们分为固定的行动小组，要求各个小组在班级内确认自身的行动地点，直至班级内形成“蜂巢”状的活动格局。而后教师可以以慕课教学的内容为主，直接在课堂中下达实践指令，由各个小组的学生在组内进行活动。同时，教师也应该规定固定的准备时间，时间一到，教师便要验证学生的准备成果。这样一来，学生便可以在紧张的实践氛围中高度锻炼自身的英语专业能力。

4.第四阶段——教学质量检验阶段

教师可以将慕课教育平台作为检验学生学习质量的途径，直接利用慕课平台中的检验功能测量学生的综合成绩。测评考卷可以直接从校内的题库中选择，学生可以通过互联网平台实现在线测评。同时，教师也可以使用实地测评的方式，直接要求学生进入到考场中接受专业的英语学习质量测评。教师在平常阶段，也可以随时观察学生在课堂中的表现。例如，记录学生在固定阶段内完成观看的视频数量，学生完成课后练习的时间以及正确度，以及学生在实体课堂中的表现等。这些都是能够被算在学生学分测评以内的考察点，各个教师可以依照自身的教学经验加以调整，将整个评价体系无限贴近于本班状况。

（二）基于慕课的高校英语信息化教学实施策略

1.丰富慕课公开课课程资源

针对高校学生当下的不同需求，可以在互联网上多增加一些适合高校学生的国内英语慕课资源，这样能够在很大程度上满足高校学生学习英语的需求，即使有些资源的内容会比较相近，但是由于利用幕课学习英语的学生数量比较庞大，学生们可以把这些资源进行对比，选择更加适合自己的内容，提高学生对不同慕课资源类型选择的合理性，进而提升教学质量。

2.将传统教学与慕课教学相结合

实现传统教学方式与慕课教学相结合，促进高校英语教学效果的提升。对于英语教学模式的创新而言，它需要一个过程，并不是在短时间内就可以达到的目标。学生的学习能力、教师的教学能力、教学设备的更新状况等要素都对慕课教学的植入性产生了影响，所以实现高校英语教学模式的创新需要逐步来进行。具体到教学实践中，应该合理设置传统课程和慕课教学课程的比重，实现这两种教学方式的互相渗透，这样可以实现过渡性地英语教学模式创新，对于提升高校英语教学效果有着极为重要的意义。

3.注重课外资源的开发

在幕课背景下，学生们学习的主动性应充分地发挥出来，为了提高学生的英语交流能力，教师还要开发课外资源，可以让学生参加一些社会实践活动和竞赛等，如英语的书法、歌唱和辩论比赛等，提高学生应用语言的能力。

4.完善英语慕课教学形式

在开发英语慕课教学系统时，应当考虑英语学生的特征，采用科学的教学方法，在发挥出网络教育平台长处的同时，使该系统更符合英语教学的规律。首先，尽量地使有模块化的较短的学习期限达到有限的教学目标。可以按照难度的不同，采用与传统英语教学体系大致相似的英语阶段教学策略。其次，注重形成英语知识教学体系，从最基本的语法、语音、词汇到听说读写等的日常训练开始，展开对学生的培养，充分发挥出慕课教学的实际功能，全面提高慕课英语教学活动的效率。

5.注重慕课教学与测评体系的融合

将慕课教学融到高校英语教学测评体系中去，不断提升高校英语教学模式的创新。首先，要重视慕课教学的质量，并将学生的慕课学习效果划入期末考试，考核合格则给予其相应的学分。这样既可以加重学生对于慕课学习的重视度，又能够健全教学体系；其次，在评价方式上，可以让大学生参加慕课课程的考核工作，并提出个人对于测评方式的意见或建议，以此不断地提升学生对于教学体系的重视度，从根本上构建出一套完整的教学评定体系，从而促进高校英语教学模式的创新。

6.慕课与翻转课堂教学相结合

开发出有效的慕课教学方式，应当使传统的课堂教学与慕课教学方式实现有效衔接，真正调动课堂教学资源主动为慕课服务。首先，慕课颠覆了以往先教后学的模式，先学后教成为慕课环境下课堂教学的常态，因此，教师应当围绕学生慕课学习中存在的问题在课堂上进行集中讲解；其次，教师应当组织学生在课堂上开展更有效的练习活动，根据学生慕课学习的问题，在课堂上有针对性地给予指导。

7.利用有效教学形式

慕课学习模式更强调根据学生的学习需要，进行不间断教学，只要学生有时间，就可以随时在网络平台获得想要的学习资源。因此，慕课教学应当充分利用现有资源。首先，尽量缩短慕课教学的时间，把短小的10～20分钟的教学资源丰富起来，以满足学生的碎片化学习需要；其次，尽可能对英语教学知识进行必要的拆分，用科学的形式把每个知识点讲透彻，这样更有利于学生开展学习；最后，应当因材施教，针对不同学生的水平提供不同的教学内容，提升慕课教学的针对性，全面提升慕课平台的特色教学效果。

第四节　高校英语动态分层教学模式

随着新课改的不断推行，信息技术与高等院校教学的联合应用越来越普及。信息技术为高校英语教学模式提供了更多的机遇，再加上动态分层教学的联合应用，可以提升高校英语的教学效果和教学能力，对我国高校英语教学模式的改革和创新具有重大的意义。

一、动态分层教学模式的概念及原理

动态分层教学模式就是以学生的学习情况、性格特征及学习能力为基础，将学生分成两个或多个英语水平差异较小的群体。英语教师根据群体中学生的英语学习能力布置教学任务，并以成绩为参照标准对学生进行科学的评价。这种教学方式能够满足学生的各项需求，让学生在英语学习中获得更多的机会，提升学生对知识点的理解能力。

动态分层教学模式主要分为两种教学层次，分别是显性教学层次和隐性教学层次。显性教学层次是以某个公开的标准进行排序并开展教学的，没有班级的限制。而隐性教学层次主要开展于班级教学中，有助于教师开展个性化教学。在信息技术的支持下，高校英语分层式教学已经呈现出一种新的教学趋势，弥补了传统教学模式的不足，最大限度地减少了学生差异化对教学质量的影响。动态分层教学模式的原理主要有三个：

一是成败原理。这种理论同样适用于高等院校的教育事业，当学生成功处理难度较大的问题后，往往会期待对难度更大的问题进行探究；当学生在长时间仍未找到问题的解决方案时，就会失去信心，继而产生较强烈的厌学现象。

二是因材施教。我国著名的教育家和思想家孔子和韩愈曾主张对学生进行针对性教学，即因材施教。这种教学原理可以鉴别学生的综合素养，有计划、有目的地开展教学活动，继而提升教学质量。教师在教学的过程中，不能以同一个标准要求个体差异较大的所有学生，要根据学生的能力和学习情况开展教学计划，这也成为我国现阶段高等院校教学改革的重点要求。

三是以人为本。传统的教学模式多以“填鸭式”教学为主，过于突出教师的教学地位，忽视学生在教学中的主体作用。动态分层教学模式正好可以弥补传统教学模式的不足，将主体地位交还给学生，教学开展的所有活动都以学生为原点，激活学生的主动性。教师在教学的过程中，应该以观察者的身份监督学生的学习状态，满足学生对教学的个性化需求；深度挖掘学生的学习潜能，对学生的“三观”进行正确引导，以科学的手段提升学生学习英语的积极性，并锻炼学生的创造能力和思维能力。①

二、高校英语在信息技术环境下的动态分层教学探究

（一）高校英语动态分层教学模式与信息技术融合的必要性

在信息技术构建的环境下，高校英语教学模式进行了不断的完善和突破，不再以教师的纯板书讲授为主，形成了新的教学模式。这种教学模式以信息技术为支撑，将枯燥、无味的教学知识以多样化的形式展现出来，如图片、声音和录像等。教师为学生创造一个良好的学习环境，增加语境的真实感，吸引学生的注意力，提升学生对高校英语的学习兴趣。信息技术和动态分层教学模式的融合丰富了高校英语“听、说、读、写”四个主要模块的教学资源，为教师的多样化教学提供了便利。例如，将动态分层教学模式加入听力教学后，教师可以根据学生近期的听力成绩，在信息技术环境下推荐适合其学习的听力材料。学生根据自己的学习兴趣选择适合的学习资源，最大限度地开发自身的听力潜能。而且，信息技术可以为教师提供一个管理学生学习的平台，方便其根据学生的学习现状建立档案并更新，为后期开展评价奠定基础。

①侯海冰. 当代高校英语信息化教学改革研究[M]. 北京：北京工业大学出版社有限责任公司，2021.

（二）教学内容的动态分层

教师需要“吃透”现有的高校英语教材，以教学大纲为辅制订各个层面的教学目标，再将教材中的主要内容进行动态分层教学。例如，当教师开展听力教学时，学校提供的教材为《高校英语听说训练》（第三版）。这本书中的听力训练内容安排比较科学，难度由浅到深。每个单元都由技巧练习、语言练习、口语练习和听力延伸训练四个模块组成，其中技巧练习涉及的内容较简单，包含两个模块，可以分别对学生的听力技巧和交际口语进行训练；语言练习需要学生对两个篇幅较短的文章进行理解，锻炼学生对知识点的掌控能力；口语练习是以上述文章的内容和日常交际用语为基础开展的；听力延伸训练是难度较大的课堂听力练习。教师在应用这个教材开展课堂听力训练时，需要以学生的学习能力为基础进行动态分层教学，以成绩为参考标准将学生分为A、B、C三个层次。对于英语基础较差且学习能力较差的A组学生，应该要求其完成技巧练习和语言练习，将口语练习作为延伸教学内容；对于英语基础一般且学习能力一般的B组学生，应该要求其完成前三项练习，将口语练习作为延伸教学内容；对于英语基础较好且学习能力较强的C组学生，应该要求其完成四项练习。长此以往，A组同学积累的基础知识点越来越多，当其能够自主完成口语练习的相关训练内容时，即可升为B组成员。而且教师在开展教学的过程中，还需要在信息技术环境下开展上述四部分教学活动，最大限度地激发学生的学习潜能，采用多种多样的形式将复杂的语法知识刻画在学生的头脑中。学生在阶段性学习的过程中，可获得极大的满足感，再加上教师的正向引导和鼓励，学生学习高校英语的能力将得到极大提高。

（三）以学生为主体的动态分层

上文中已经举例对学生的动态分层进行说明，就是根据学生的能力水平和学习需求进行分层教学。但这种分层模式并不是一成不变的，需要教师定期进行考核，不断调整各个教学层次中的人员。需要注意的是，由于大学生的荣辱心、攀比心较强，教师应该将这种层次编排尽可能地弱化，只作为自身教学时的参考标准，不要在班级中大肆宣扬。这不仅可以保障教师正常地开展教学，而且可以对学生形成一种特殊的保护，防止有的大学生出现不理智的学习行为。

（四）作业布置的动态分层

作业的完成情况是教师评判学生学习情况的重要参考标准，也可以对学生学习到的知识点进行巩固和训练。因此，教师在进行动态分层作业布置时，需要利用信息技术中丰富的教学资源，提升教师的教学质量和教学效率。例如，在开展高校英语写作训练时，教师可以根据学生的学习层次，布置相应的写作训练内容。学生在完成写作后，发送电子邮件到教师的邮箱中，从而提升教师的批改效率。

（五）评价机制的动态分层

评价机制在高校英语教学中占有重要的位置，它既可以让学生在相互交流评价中改正自身的缺点，还可以为学生学习高校英语提供新的思路。高校英语教学中通常采用以下两种评价机制：一是形成性评价机制，需要参考学生的课堂状态、出勤情况及作业分数等，综合性较强；二是终结性评价机制，以学生的考试成绩为主。其中第一种评价机制常在高校英语教学过程中开展。例如，在对学生的作文进行批改时，教师在信息技术环境下让同层次的学生进行无定向相互批改，并让学生根据评价建议完善作文，实现共同进步的理想化教学。

综上所述，想要取得理想的教学成绩，就必须以学生的实际情况和教学进程作为基础开展动态分层教学，创新教学模式，再加上信息技术的辅助，提升高校英语与学生和教师的需求契合度。但这种动态分层教学在开展时不宜让学生知晓，以防止学生出现自卑心理，弱化教学效果。

第四章　高校英语信息化教学方法研究

随着教育信息化水平的不断提高，在教学中有效地应用信息技术手段开展教学已成为必然。对于教师来说，在信息化教学中必定要利用信息化教学工具与手段开展教学，同时也要根据具体的教学情况选择适合具体学科、具体内容的教学方法，只有这样才能更好地提高教学质量，实现教学最优化。然而面对众多的教学方法，在信息化教学中，教师只有真正掌握这些基本的信息化教学方法，才能达到我们所要追求的目标，这就需要教师对其特征、步骤、应用范围、应用条件、各自优势做深入了解和探讨，才能有效地应用的学科教学中去。

第一节　教学方法概述

一、教学方法的定义

(一) 定义

教学方法是教育者和学习者为了完成一定的教学目标和任务，运用一定的教学方式和教学手段而形成的教与学的活动途径和步骤。由于时代、社会背景、文化氛围的不同，研究者研究问题的角度和侧面的差异，使得中外不同时期的教学理论研究者对“教学方法”概念的解说不尽相同。国内外学者对教学方法有不同的解释，归纳起来大致有三个角度。第一，从广义或宏观的角度，把教学方法看做教学活动方式的总和。如教学方法是指教师和学生在教学过程中，为达到一定的教学目的，根据特定的教学内容，共同进行一系列活动的方法、方式、步骤、手段和技术的总和。第二，从行为动作的角度，把教学方法看作教师和学生的行为方式或工作方式。如任何教学方法都是教师的一整套有目的的动作，教师通过这些动作组织学生进行认识活动和实践活动，使学生掌握教学内容，从而达到教学目的。第三，从媒体或材料应用的角度达到教学目的，把教学方法看做是应用媒体进行教学的方法。如教学方法是教师为达到教学目的而组织和使用教学技术、教材、教具和教学辅助材料，以促进学生按照要求进行学习的方法。

（二）教学方法的内在本质特征

教学方法是教学过程中教师与学生为实现教学目的和教学任务要求，在教学活动中所采取的行为方式的总称。教学方法的内在本质特点：首先，教学方法体现了特定的教育和教学的价值观念，它指向实现特定的教学目标要求；其次，教学方法受到特定的教学内容的制约；最后，教学方法要受到具体的教学组织形式的影响和制约。

（三）教学方法的理解

对教学方法可以从以下几个方面来理解。

1.从方法论角度来看：教学方法是指具体应用的方法，从属于教学方法论，是教学方法论的一个层面。教学方法论由教学方法指导思想、基本方法、具体方法和教学方式四个层面组成。教学方法包括教师教的方法（教授法）和学生学的方法（学习方法）两大方面，是教授方法与学习方法的统一。教授法必须依据学习法，否则便会因缺乏针对性和可行性而不能有效地达到预期的目的。但由于教师在教学过程中处于主导地位，所以在教法与学法中，教法处于主导地位。

2.与教学方法密切相关的概念来看：教学方式和教学手段是构成教学方法的要素，不能将它们等同于教学方法，也不可将教学模式与教学方法混为一谈，一种教学模式是由多种教学方法组成的。教学方法必须依据一定的教学理论，指向一定的目标，应用具体可操作的程序或一系列可操作的环节，解决一定的问题。

教学方法与教学方式：教学方法不同于教学方式，但与教学方式有着密切的联系。一方面，教学方式是构成教学方法的细节，是运用各种教学方法的技术。任何一种教学方法都由一系列的教学方式组成，可以分解为多种教学方式；另一方面，教学方法是一连串有目的的活动，能独立完成某项教学任务，而教学方式只被运用于教学方法中，并为促成教学方法所要完成的教学任务服务，其本身不能完成一项教学任务。

教学方法与教学模式：教学模式是在一定教学思想指导下建立起来的为完

成某一教学课题而运用的比较稳定的教学方法的程序及策略体系，它由若干个有固定程序的教学方法组成。每种教学模式都有自己的指导思想，具有独特的功能。它们对教学方法的运用，对教学实践的发展有很大影响。现代教学中最有代表性的教学模式是传授—接受模式和问题—发现模式。

3.从教学方法的共性来看：教学方法虽然有着不同的界定，但它们之间有着一定的共性：教学方法要服务于教学目的和教学任务的要求；教学方法是师生双方共同完成教学活动内容的手段；教学方法是教学活动中师生双方行为体系。

二、教学方法的分类

古今中外的教学方法的确五花八门，名目繁多，对教学方法的分类也是众说纷纭、莫衷一是。因此，有必要将其做以分类，以便更好地分析、认识它们，掌握它们各自的特点、起作用的范围和条件，以及它们发展运动的规律。其实，进行教学方法的分类就是把多种多样的各种教学方法，按照一定的规则或标准，将它们归属为一个有内在联系的体系。

(一) 不同学者对教学方法的分类

国外有关学者依据对人活动的认识，认为教学活动包括了这样的三种成分，即知识信息活动的组织、个人活动的调整和活动过程的随机检查。把教学划分为三大类：第一大类组织和自我组织学习认识活动的方法；第二大类激发学习和形成学习动机的方法；第三大类检查和自我检查教学效果的方法。有关学者依据教师与学生交流的媒介和手段，把教学方法分为四大类：教师中心的方法，主要包括讲授、提问、论证等方法；相互作用的方法，包括全班讨论、小组讨论、同伴教学、小组设计等方法；个体化的方法，如程序教学、单元教学、独立设计、计算机教学等；实践的方法，包括现场和临床教学、实验室学习、角色扮演、模拟和游戏、练习等方法。我国学者按照教学方法的外部形态，以及相对应的这种形态下学生认识活动的特点，把中国的教学活动中常用的教学方法分为五类：第一类以语言传递信息为主的方法，包括讲授法、谈话法、讨论法和读书指导法等；第二类以直接感知为主的方法，包括演示法和参观法等；第三类以实际训练为主的方法，包括练习法、实验法和实习作业法；第四类以欣赏活动为主的教学方法，包括陶冶法等；第五类以引导探究为主的方法，如发现法和探究法等。

（二）我国常用教学方法分类

目前，我国常用的教学方法以学生认识活动的不同形态作为标准，将教学方法分为：

1.以语言传递为主，获得间接经验的教学方法，如讲授法、谈话法、讨论法、读书指导法等；通过直观演示，获得直接经验的教学方法，如演示法、参观法、现场教学法等。

2.以实际训练形式，形成技能技巧的教学方法，如练习法、实习法、实验法等。

3.以欣赏活动为主，获得情感态度技能的教学方法，如情境陶冶法。

这些教学方法之所以经常被采用，主要是因为它们都有极其重要的使用价值，对提高教学质量具有特定的功效。但任何教学方法都不是万能的，它需要教者切实把握各种常用教学方法的特点、作用、适用范围和条件，以及应注意的问题等，使其在教学实践中有效地发挥作用。

三、教学方法选择的基本标准与运用

（一）教学方法选择的基本标准

教学有法，但无定法，贵在得法。教学方法是连接师生双方的桥梁。从过去到现在，从传统到现代，人们创立了各式各样的教学方法。任何教学方法都是为实现教学目的服务的。教学方法与教学目的、教材内容、教学对象，有着内在联系。运用教学方法，实际上就是把教师、学生、教材内容有效地连接起来，使这些基本因素有效地发挥其各自的功能作用，从而通过所产生的教学效果来实现教学目的。因此，选择教学方法必须依据教学目的、教材内容、教学对象，还要依据教师本身的特点和素养条件。

1.依据教学目标选择教学方法。不同领域或不同层次的教学目标的有效达成，要借助于相应的教学方法和技术。教师可依据具体的可操作性目标来选择和确定具体的教学方法。教学目标将教学的一般性任务具体化，是一个有着多种具体内容的目标群，既有知识信息方向的，也有认知技能、认知策略方向的等。每一方面的目标都必须有与该目标相称的教学方法。不同的教学方法有不同，没有一种最好的能适应各种教学情况的教学方法。

2.根据学生的特征选择教学方法。学生特征直接制约着教师对教学方法的选择，这就要求教师能够科学而准确地研究分析学生的基本特征，有针对性地选择和运用相应的教学方法。学生特征主要指心理特征和知识基础特征两方面。学生的心理特征主要在于强调学生年龄差异造成心理发展水平上的差异。教学方法应该顾及到不同年龄的不同心理特征。学生知识基础特征主要是考虑学生原有知识基础或认知结构，强调学生已掌握的知识及其认知方式对学习新知识学习的迁移作用。

3.根据学科内容选择教学方法。不同学科的知识内容与学习要求不同；不同阶段、不同单元、不同课时的内容与要求也不一致，这些都要求教学方法的选择具有多样性和灵活性的特点。学科内容决定了一般教学方法在各门学科中的特殊形式。艺术性强的学科知识和科学性强的学科知识在教学方法上是有着很大差别的。这是因为通向这些知识的心理过程不同。某些方法具有较强烈的学科特点。

4.依据教师的自身素质选择教学方法。任何一种教学方法，只有适应了教师的素养条件，并能为教师充分理解和把握，才有可能在实际教学活动中有效地发挥其功能和作用。一般说来，教师往往使用那些掌握得比较好的教学方法，当然，教师在实践中总会因自身的某些方面的特点，并根据自己的实际优势，扬长避短，选择与自己相适应的教学方法。

5.依据教学环境条件选择教学方法。教师在选择教学方法时，要在时间条件允许的情况下，最大限度地运用和发挥教学环境条件的功能与作用。

（二）教学方法的有效运用

教师选择教学方法的目的，是要在实际教学活动中有效地运用。

1.不断丰富和调整自己的教学方法。在教学实践活动中，每一种课型、每类问题都有其自身的特点。教师在教学实践中，都不同程度地积累了自己富有实效的应对方法。这些方法也许是学来的，也许是自己创造的，但都有一个共同的优势，那就是适合自己的特点。选择什么样的教学方法，要看它是否适合眼前的学生、是否符合新的教材和大纲要求，新的年级、其他班级的学生、别的教师等能否应用，不能用又将如何修改、调整，这些也是教学方法积累中必须要考虑的。

2.积极吸取已有的教学方法。在教学实践活动中积极吸收先进的教学方法是每一个教师的愿望，目前在国内外存在着大量的经过实践证明是行之有效的教学方法，这些方法通过不断地应用并在实践中检验、论证，正日臻完善，如发现教学法、引探教学法、建构主义教学法、任务驱动法等，与传统的教学法相比已有许多新的发展。根据自己教学实际的需要，吸取已有的教学方法为自己的教学所用，是应该提倡的。应用中要注意遵从教学策略的要求，切忌简单机械地任意套用，要适合自己的实际条件。

3.教学方法的组合。在教学活动中，一节课，一个问题的解决，依靠一种方法往往难以完成任务。这就需要各种教学方法的搭配或有机组合。可以一法为主，多法相助，如利用演示法教学时应有谈话法作为补充，也可以用其他方法来补充某种方法的不足。在组合、搭配教学方法中往往存在方法之间的矛盾，从而影响解决问题的效率。在具体的教学中，应使所需要采用的多种方法构成有机的整体，以便更高效地解决问题，这就是已有教学方法的有机组合，也是形成教学策略的又一重要途径。

4.对已有方法的改造。由于实际中的主客观条件不同，原有的教学方法可能无法实现教学目标，那么要想更有效地完成教学任务，就必须改变原有的教学方法。如在教学中，采用自学辅导教学法。这种方法是在教师的指导下，通过阅读教材，在已有知识的基础上通过自学、自练、自己批改作业等手段达到学习目的。如在素质较好的班级中，教师就可以大胆放手，让学生按规定目标，自觉参与学习并完成学习任务。这时可以是学生自学为主，教师指导为辅。而在较差的班级里，尤其是学生缺少自学经验的时候，教师就应改变自学为主的设计，以辅导为主。即使学生初步掌握了自学方法之后，也要伴随较多的指导与启发。

5.其他学科教学方法的借鉴。在教学方法和教学手段的选择与运用上，应形成各科教学的有机结合，并相互借鉴和补充。教学活动中，不同学科、不同年级、不同风格的教师，均有各自的特点，但也有共同之处。所以，其他学科中富有实效的教学方法，完全有可能在自己的教学中应用。例如，很有影响的暗示教学法，过去只应用于英语教学中，近来有的教师将它引进数学，同样也取得了很好的效果。

6.教学方法的创新。为了不断适应新的社会环境和新的教育观念，为了各学科知识体系的不断更新和教学条件的不断改善，教学方法也必须有新的发展。教学实践中，在充分吸取原有教学经验的基础上，我国高校教学方法改革在教学实践中取得了突出成果。这些新方法有一个共同的特点，就是充分调动学生的学习积极性，激发学生学习兴趣和求知欲，强调教学应该教学生如何学，促进学生个性的发展。

第二节　信息化教学方法概述

一、信息化教学方法的涵义

信息化教学方法是教育者和学习者为达到一定目的，使用现代教育技术而形成的教与学的活动途径和步骤。这种工作方式主要指教与学的活动途径和步骤。信息化教学方法是教学方法体系的一个组成部分，与其他教学方法没有本质上的差别。但是，信息化教学方法强调媒体或信息技术手段的应用，是围绕现代教育媒体的应用而形成的方法。

信息化教学方法必须依靠现代教育媒体而展开工作。这是其区别于其他教学方法的特征。在信息化教学方法中，现代教育媒体的作用是多种多样的，在不同的教学环节中，其作用可以有大有小，但它们却是不可替代的。

信息化教学方法必须依据一定的教学理论而展开工作。这是一切教学方法的共性。信息化教学方法不刻意追求某一个教学理论，各种现代教学理论对信息化教学方法都具有指导意义。此外，现代教育媒体的应用并不意味着信息化教学方法与现代教学理论就有了天然的联系，先进的思想可以影响它，传统的思想也可以影响它。从某种意义上而言，信息化教学更需要现代教学理论的指导。

信息化教学方法必须指向一定的目标，解决一定的问题。教学方法的应用要在教学目标的导向下进行，如果没有目标，教学方法也难以有成效。

信息化教学方法有其结构。这一结构是根据教学的需要，应用现代教育媒体而形成的一系列步骤、环节和过程等。教学方法在实施中都要展开其步骤和环节等结构性因素，但是信息化教学方法的实施、现代教育媒体的应用会使这些结构性因素发生变化。如有些教学活动，在现代教育媒体的支持下，可以使教学双方的步骤非同步展开。

信息化教学方法来自两方面，其一是在原有的教学方法的基础上融合了现代教育媒体的应用，使得这些方法有了新的特点，如在传统的讲授法的基础上结合了视、音频等媒体的演播；其二是在运用现代教育媒体的基础上形成了新的教学方法。

二、信息化教学方法的分类

从不同的性质特点出发，可把信息化教学方法分成不同的种类。分类的目的在于明确各种信息化教学方法的概念、特点，以便能够正确选择运用。

（一）从学科性质分类

按照学科性质的不同，信息化教学方法可分为语文信息化教学法、教学信息化教学法、英语信息化教学法等。学科信息化教学方法是研究信息化教学媒体在不同学科中的运用方法。主要是研究信息化教学媒体对不同学科内容的表现方法。

（二）从媒体种类分类

信息化教学媒体丰富多样，各种不同的媒体在教学中有不同的使用方法。据此分为广播录音教学法、影视教学法、计算机辅助教学法、语言实验室教学法、数字虚拟教学法等。媒体教学法的实质是研究各种不同的媒体在教学中的具体运用，包括运用的原则环境要求具体方法等。

（三）根据媒体的教学属性分类

综合考察各种信息化教学媒体的教学属性、主要刺激的感觉器官、依据的教育教学理论等因素，信息化教学方法可分为媒体播放教学法、程序教学法、训练教学法、微型教学法、成绩考察法等。

（四）以教学内容来分类

主要有以传授知识为主要目标的播放教学法和程序教学法、以训练学生技能为主要目标的微型教学法、以检查学生学习成绩为主要目标的成绩考查法。

三、信息化教学的基本方法

目前，在教学实践中可用的信息化教学方法多种多样。在信息化教学中，必定要借助于一定的信息化教学方法具体运用到各学科各课题，这就需要教师利用有限的几种基本教学方法，根据具体教学情况加以选择或综合运用，从而创造出适用于某一学科中某一课题的某一具体情景的具体教学方法。那么，面对可供选择的信息化教学的基本方法，我们究竟选用什么样的方法好，如何运用恰当的教学方法帮助我们实现有效的信息化教学？这就要求我们了解这些方法，对它们进行具体分析，讨论这样一些问题：不同的信息化教学方法各有哪些特点？有哪些优势？由哪些具体活动组成？适用的范围和条件如何？当我们从这些方面对信息化教学的基本方法进行具体的分析之后，就能较好地认识它，教师便可根据教学内容的不同、教学对象的差异、教学目标的区别、教学时间的松紧和自己的特长，选择、运用一种或几种基本教学方法创造出生动活泼的具体教学方法。下面围绕信息化教学方法的特点、优势、应用步骤、适用范围和条件等问题，介绍一些基本的信息化教学方法。①

（一）讲授—演播法

讲授—演播法是将教师的讲授与播放媒体相结合的教学方法。这是课堂教学中最常见、最普遍的方法。教师的语言表达是进行教学信息传递的最基本的途径之一，讲授的方法具有悠久的历史。现代教育媒体的出现，给古老的讲授法增添了现代化的色彩。其特点是讲授、讲解能充分发挥教师语言表达的优势，渗透教师个人的语言特色和魅力，可以将知识的逻辑关系和结构系统地传授给学生，以较少的时间向学生传授更多的知识；而媒体的演播可以让学生看到和听到所学的事物和现象，拓展了学生认识客观世界的时间和空间。在教师口头讲授的同时，利用媒体手段把讲授中的难点和重点内容，尤其是抽象的内容加以表现，或给学生提供直观形象的内容，或给学生设置情景，使教师的讲授锦上添花，既增加了教师对信息的表达能力，也丰富了学生获得信息的形式。

讲授—演播法把讲授的特点与媒体播放的特点结合起来。现代教育媒体在讲授—演播法中主要扮演辅助教师讲授的角色，如呈现事物和现象的图像和声音、增加感性的材料、烘托课堂气氛、精练板书等。

讲授—演播法既可以教师讲授为主，媒体的播放围绕讲授而展开；也可以媒体播放为主，讲授结合媒体的播放而进行。讲授—演播法的应用步骤有多种，这里举两个典型的步骤。

1.第一种典型步骤的具体活动内容

（1）唤起回忆、引入课题：利用媒体展示事物的图像对该事物的回忆，同时引入课题。

（2）提出问题、锁定任务：教师对事物介绍的基础上提出问题，引出和锁

①钟泽洲. 大学英语信息化教学模式[M]. 长春：吉林出版集团股份有限公司，2018.

定本节课的任务。

（3）进行活动、实现目标：教师播放媒体，给学生观看相关的视听内容，并指导学生阅读文字材料，通过思考、回答问题等一系列活动实现教学目标。

（4）总结完善：教师用投影片和概要、简练的语言进行总结。

2.第二种典型步骤的具体活动内容

（1）引入课题：以媒体展示具体事物的形象，暴露问题，把学生的注意力引入课题。

（2）转化概念：把形象的东西转化成抽象概念。

（3）学生活动：教师进一步提供新的材料，让学生进行思考、议论等活动。

（4）教师总结：教师进行总结。

（5）概念应用：学生在新的情境中运用所学的概念解决问题。

讲授—演播法的适用范围和条件：讲授—演播法适用于教材系统性强的学科，适用于传授和学习事实、现象、过程性的知识，也较适用于高校。使用这种方法需要教师有较强的语言表达能力和运用现代教育媒体的能力，并且要求学生有较高的学习自觉性和听讲的能力。

（二）程序教学法

程序教学法起源于美国心理学家普莱西于1924年设计的第一架自动教学机器，形成于20世纪60年代斯金纳小步子直线式程序教学理论的提出。程序教学的理论基础是斯金纳创立的操作性条件反射学说和强化理论。

程序教学法就是在这种理论指引下组合和提供信息的一种特殊方法，是教师根据一定的教育学、心理学和教学理论，按照评定的教学对象的状况，把预先安排的教学内容分解为按一定严格的逻辑顺序排列的小单元，构成程序教材。通过一系列专门的问题和答案，然后通过教学机器由学习者操作显示的教学方法。它要求学习者及时反馈并立即决定是否进到下一个小单元的学习。实际上，程序教学可以理解为一种自学方法。每个学生都可以支配自己的学习进度。每一步都建立在前一步的基础上，并能在每一步之后都能得到立即强化。程序教学法的特点是：在教学过程中，程序教学法的学生能够积极参与学习活动，思维始终处于高度积极的状态；能充分发挥学生的主观能动性，使学生创造性地学习；人机交互中信息反馈及时，强化有力、指导有方、评判公正；不同的学习者可以自定步调，适应个人的学习进度，有利于个别化教学；对学习能力较低的学生来说是一种有效的学习方法；能有效地缩短学习时间；有良好的激励功能，增强学习信心。

程序教学法的应用步骤：

①程序材料（课件）设计。教师和程序设计人员根据需要，把内容与学习过程加以结合，设计有关程序化的教学材料（课件）的方案。

②程序材料（课件）编制。程序编制人员根据设计方案，编制程序化材料。

③生机对话交互学习。学生操作设备（计算机），与之对话，在程序教学材料的引导下进行学习。

④总结评价。教师对程序学习的结果进行总结和评估。

程序教学法的适用范围和条件：程序教学法特别适用于下列情况：帮助优等生学习一些教师因教学时间的限制而未能讲授的扩充性的学习内容，对学生进行补习性辅导；为学生提供预备性知识；要求标准化行为的教学；开设学校由于缺乏优秀教师而难以开出的课程；开展个别化训练。运用程序教学法必须注意以下一些基本要求：

首先，选用或编制结构合理，配置适当的高质量的课件。一个好的课件应具有人工智能的特性，即在人机对话过程中，能从学生的应答反应了解其掌握知识的情况，从而做出有针对性的教学决策，以提高运用程序教学进行学习的效果。

其次，教会学生使用教学机器。在运用程序教材进行学习前，学生必须懂得计算机操作要领。因此，必须对学生进行事先培训。

再次，明确学习目的，与文字教材配合使用。应用过程中应有明确的学习目的，注意与传统文字教材结合起来，用程序教材学习要求学生有较高的自主精神和负责态度。

最后，注意与常规教学方法结合起来。程序教学法虽有优点，但也存在着削弱师生之间、学生之间即时信息交往等方面的不足。因此，运用程序教学法时，必须与常规教学有机地结合起来，使之相互补充、相互促进。例如，学生在使用程序教材学习之前，可在教师的引导下掌握所学内容的知识背景、基本概念、术语，理解学习目的和思路，然后学生通过上机练习，消化所学知识或形成技能等。

（三）问题教学法

问题教学法就是为启发学生的思维和培养其解决问题的能力，教师与学生围绕某个实际问题而使用的教学方法。它是一种以学生为中心的教学方法。问题教学法的核心是培养学生的思维能力。信息技术在这种教学方法中起着关键的支撑性作用，它被用来呈现问题情景，分析、解决问题的工具。

问题教学法的特点是教学过程中更加注重师生之间的关系处理，突显教师是辅助者、引导者的作用，通常以问题情境组织教学，以此引起学生思考，促使学生运用知识，分析问题、解决问题，增强学生自主学习能力，同时借助信息技术工具，建立沟通协作渠道，促进人际交往能力和团队合作能力的提高。也就是说，问题教学法以学生为中心开展教学，以问题为教学驱动力，以小组为教学组织形式，通过过程性评价促使学生能力发展。

问题教学法的应用一般有以下几个步骤组成：

①创设情境、提出问题。教师充分利用各种信息技术，如借助多媒体教学系统，通过让学生观看相关影视资料、浏览相关网站等多种方式提出引导性问题。把学生带入问题情景之中，针对问题情境，向学生布置任务；学生接受任务，回忆早期的经验、产生学习的动机和学习的责任感。

②分析问题、明确问题、组织分工。在教师的组织下，学生讨论解决问题的可能方法，教师帮助学生分析问题情境，理解问题的情节和情形，进一步找到问题的本质，并对问题进行界定、阐述。教师根据学生的兴趣和能力，将学生分组，分配学习任务，提供相关资源。

③探究发现、解决问题。教师向学生提供有关材料、参考资料等学习资源，同时学生通过各种途径，借助并利用信息技术，查找、收集与问题相关的信息与资料；小组成员对收集到的信息进行归类、整理、分析，然后通过相互交流、形成解决问题的方案。

④展示结果、进行评价。各小组以幻灯片等形式陈述、展示他们在解决问题过程中的计划和任务安排，完成任务的过程，解决问题的建议、主张；最后通过自评、生生互评、教师评价相结合的方式，以过程评价为主，终结性评价为辅，对学习成果进行评价。即各小组对各自的问题解决方案自我评价，小组之间对方案相互评价，教师评价每个小组的学习成果以及在整个问题解决过程中的方案方法的优劣，并向学生提出新的类似的问题，学生尝试解决新的问题等。

问题教学法的适用范围和条件：问题教学法的应用需要信息技术的支持，教师能通过信息技术工具创设问题情境，学生能够利用信息技术工具获取丰富的信息资源，师生之间能够利用信息技术搭建沟通交流平台，这样才能保证其有效开展。问题教学法适用于教授各学科领域的概念、规律、理论等教学内容，适用于实践性强的教学内容。

（四）探究—发现法

探究—发现法就是在教师的安排和指导下，主要由学生借助现代教育媒体进行探索、发现问题，从而掌握知识的方法。教师借助现代教育媒体设置问题情景，提出促使学生思考的问题；学生利用现代教育媒体去搜集、查询有关信息，寻找问题答案。这是一种以培养学生创新和实践能为目的的教学方法。该方法的主旨在于在教学中不给学生提供现成的答案或结论，而是由教师提出问题或设置特定情境的刺激，促使学生自我探索和发现问题，以类似科学研究的方法去获取知识和应用知识，从而掌握要学的知识，调动学生学习的积极性和主动性，培养学生发现问题、解决问题的能力。

探究—发现法的特点是：探究—发现法是一个发现问题、提出问题和解决问题的学习活动过程。学习者通过亲身活动提出问题、发现答案、解决问题，在探究活动中生成知识，获得的知识印象深刻、不容易忘记；可以发展学习者的分析、综合和评价等高级思维能力，培养发散性和创造性思维；学习者能亲身发展科学知识，帮助他们更好地理解科学的本质。在此方法的应用中，体现出来的是做中学的思想，让学生自己主动学习，亲身实践，探究知识；教师只是提供指导；信息技术不再辅助教师讲授，而是帮助学生认知和探索世界。

探究—发现法的应用步骤：

①教学准备。让学生了解探究—发现的基本技能，提出探索与发现的基本要求，让学生掌握进行探究与发现的工具，提供必要的信息检索指南、专业网站的地址等，使学生知道如何有效地进行探究与发现学习。

②设置情景、熟悉任务。教师进一步向学生提供有关需要探究或发现的问题情境，引导学生关注有关的主题，并向学生提供必需的学习材料，以便让学生熟悉任务，进入问题情境之中。

③发现问题。学生在教师的要求和引导下，结合过去的知识和经验自行发现问题，确定探究的方向。

④搜集资料、解决问题。学生通过各种途径、形式自行搜集资料，如参考和实地考察、调查和采访、进行实验、查阅文献、观看影视录像、个案追踪分析

等。搜集资料不是目的，而是了解事物的手段。因此，接下来学生应用现代教育媒体，如计算机网络等工具，自行搜集、加工整理资料，对搜集到的数据资源进行筛选、归类、统计、分析、比较，然后在教师的指导下，得出结论或答案，解决问题。

⑤反馈评价。对学生得出的结论或答案，教师要进行点评和总结。

探究—发现法的适用范围和条件：探究—发现法的应用需要教师较强的应变能力和运用现代教育媒体的能力，同时需要学生自主学习能力和信息技术应用能力，尤其是计算机和网络通信技术有了这些条件保障，才能激发学生的学习动机，引导学生，利用信息技术工具和手段，在自主学习环境中进行探究。探究—发现法适宜教授和学习概括性、规律性的知识，适用于对未知领域的问题探究，或对已有知识进行个性化的再认识。这种方法也适用于高校学生。

（五）微型教学法

微型教学法是指教师借助电视摄、录像设备培养学生某种技能的教学方法。由于该方法是在小教室中对学生的某种技能进行培训，培训时间短、规模小，故称之为微格教学或微型教学。微型教学法首先在教师培训上获得成功，其后被其他学科领域的技能训练纷纷采用，成为一种卓有成效的教学方法，被广泛地应于各种职业技术训练上。它是让教学对象扮演一个职业角色，表演所要求的一系列活动，利用现代摄录设备记录这一过程，然后指导教师与角色扮演者一起观看重放的录像，进行分析评价，找出差距，再做同样的工作，直到掌握所要求的职业技能为止。

微型教学法的应用有以下几个特点：人数少、易操作、微型化。由少数学习者5~10人组成“微型课堂”，以真实的学生或受训者的同学充当“模拟教师”和“模拟学生”，通过不断轮换学生，以保证每个学生都有充分的机会得到培训和个别指导，这样既容易操作，也可使课堂微型化。训练时间短，技能单一，目的明确，重点突出。在教学培训中把内容进行分解，将综合性的教学技能分解为一个个单一的技能。如提示的技能、演示的技能、板书的技能等。每次针对一种技能进行培训，培训目的明确，重点突出。被训练者利用5~10分钟的时间进行一段“微型课程”的教学实践，从中训练某一两项教学技能。借助媒体设备，展示范例，实时记录。在进行“微型课程”的教学实践过程中，利用电视摄、录像设备系统展示某技能的范例，供学生学习和模仿；也可在学生模仿训练时将实践过程记录下来。反馈及时准确，评价方式多样。完成训练后，通过视听系统重放已记录的内容，供师生点评分析，让学生及时得到反馈信息。评价方式可以是自我评价，也可以是他人评价。微型教学法应用需要按照一定的程序对学生进行特定教学技能的训练。

微型教学包括如下几个基本步骤：

①确定训练目标，明确学习技能。要使学生教学活动开始前了解每一项技能的理论和方法，并掌握各个技能的执行程序和实施要求。通过多次实践、评价、修改，使技能趋于完善，并通过综合训练，形成技能。

②学习研究技能，观摩技能示范材料。在进行微型教学实践前，应先组织学生对各项技能的有关理论、方法程序、实施要求进行学习研究。并且通过播放反映某项技能的示范性录音、录像资料，使学生对教学技能的事实、观念、过程、操作程序有形象化的了解，使学习者获得技能模仿的样板，使训练目标和要求更加具体化。

③角色扮演，声像记录。要组成微型课堂，让学生进行角色扮演，被训练者实践一两项技能，模仿表演前面观察的技能，同时用电视摄、录像设备录制被训练者的行为，以便能及时准确地反馈。

④重播录像，自我分析，讨论评价。实践活动完成后要重放录像，让被训练者以“第三者”的身份观察自己的行为，并找出不足。被训练者看过自己的实践录像后，首先要进行自我分析，检查实践过程是否达到了预定的目标。指导教师、评价人员、学生角色都要从各自的立场来评价实践过程，通过分析、比较，肯定成绩，指出不足，以便改进。

⑤再实践，再改进。经过评价，已经达到基本要求的可进入下一技能的学习，实践新的教学技能。未达到要求的则需要根据反馈信息和教师的点评，做进一步练习。

微型教学法适用范围和条件是：微型教学法是进行技能教学的有效方法，适用于教师教学技能的培训，也适用于艺术、体育等学科的技能或动作行为的教学。这种教学方法需要在微型教学系统中实施。

（六）模拟训练法

模拟训练法就是利用现代教学媒体模拟自然现象、运动状态和过程或者是特定的工作环境而进行实验和训练，以揭示其规律的一种教学方法。模拟训练法的特点：

①突破教学条件限制，方便训练教学。由于受各种特定条件的限制，教学中不能用真实环境或事物进行实验或训练，需要用计算机等媒体模拟这些环境或事物，以便于师生经济、安全、省时地进行训练教学。

②设备与媒体的广泛应用，丰富了模拟工作环境。模拟训练法最初是用机械装置模拟一种工作环境如模拟汽车驾驶室，来培训驾驶技能。计算机被用于模拟训练后，与机械装置结合起来，大大地丰富了模拟的工作环境。

③应用信息技术手段，拓展训练类型。由于信息技术手段的应用，训练的类型也从单一变成多样化。模拟训练法大致有以下四种类型，分别是操作性训练、工作情景训练、实验情景训练、研究方法的训练。

模拟训练法的适用范围和条件：运用该方法要提供可供仿效的适合学生发展的教学信息；要使学生进行仿效训练或亲自操作；要面向全体学生；教师应做好引导，及时分析、评价，明辨正误，分析原因，找出最佳思路和方法；要正确处理模拟教学法与常规的实验法、演示法、参观考察法的关系，在条件允许的情况下，要使它们有机结合起来，以利取长补短；要引导学生抓住事物的本质。

第三节 高校英语信息化教学方法

在新的大学英语课程教学要求中，现代信息技术的大量应用是新教学模式的一大特点，而在近些年大学英语教学方法与教育技术结合的发展中，多媒体技术是最令人瞩目，也是应用最广泛的。随着多媒体的发展与其在教育学中的渗透，多媒体技术在大学英语教学中体现出了独特的价值，并得到广泛的运用，使大学英语教学的广度、深度和灵活度都大大增强，推动了教学方法以至教学理念的更新。以计算机为核心的多媒体教室、语言实验室、网络教室、自主学习中心和校园网络等，为大学英语教学构建了良好的教学环境，在教学实践中，课堂内外多媒体手段和资源的使用，丰富了教学的层次，提升了学生的兴趣。目前高校的硬件设施大大改善，多媒体技术也越来越被广泛地应用在英语教学中，多媒体技术在英语教学中的使用和推广已是大势所趋。但是不可否认，多媒体与大学英语教学的结合的进一步深化与创新，使大学英语教学掌握更丰富与更有效的方法和手段。

在网络时代，随着信息与通信技术快速发展，与当前广泛应用的众多社会性工具软件一样，微课也将具有十分广阔的教育应用前景。对教师而言，微课将革新传统的教学与教研方式，突破教师传统的听评课模式，教师的电子备课、课堂教学和课后反思的资源应用将更具有针对性和实效性，基于微课资源库的校本研修、区域网络教研将大有作为，并成为教师专业成长的重要途径之一。对于学生而言，微课能更好地满足学生对不同学科知识点的个性化学习、按需选择学习，既可查缺补漏又能强化巩固知识，是传统课堂学习的一种重要补充和拓展资源。特别是随着手持移动数码产品和无线网络的普及，基于微课的移动学习、远程学习、在线学习、“泛在学习”将会越来越普及，微课必将成为一种新型的教学模式和学习方式，更是一种可以让学生自主学习，进行探究性学习的平台。

一、网络教学法的含义

网络教学法是一种包括了新的传播媒介以及人与人之间的交互作用的教学法。这些新的沟通媒介是指计算机网络、多媒体、专业内容网站、信息检索、电子图书馆、远程教育和网上课堂等。网络教学具有三大要素：一是网络环境，即所谓的信息技术学习环境；二是网络资源，即经过数字化处理，可在多媒体或网络环境下运行的教学材料；三是网络模式，即利用信息技术，通过对资源的收集利用，发现知识、探究知识、展示知识及创造知识的学习模式。

网络教学法下采用的教学方法是基于建构主义教育心理学理论的，“建构主义理论”为我们开发大学英语网络课程奠定了理论基础，“建构主义理沦认为，知识不是通过教师的传授得到的，而是学习者在一定的社会文化背景下（一定的情境)，借助他人（教师和学习伙伴）的帮助，利用必要的学习资源，通过意义建构的方式获得的”，同时，建构主义理论还强调以学生为中心，认为学生是认知的主体，是信息加工的主体，是知识意义的主动建构者，教师的作用应由知识的传授者、灌输者转变为学生主动建构意义的帮助者和促进者。

为应对21世纪知识经济的挑战，我国已加快教育信息化的步伐，并根据各地区经济发展不平衡的现实，分三个层次推进信息化教学。这三个层次分别是：第一，以计算机多媒体为核心的教育技术在学校的普及与运用；第二，组织学校上网，利用网上资源；第三，开办远程教育，提供丰富的学习资源，不断满足人们终身教育的需求。随后，网络教学受到我国教育界的普遍重视，很多学校纷纷试水利用网络辅助大学英语教学。

二、网络教学法的构成

网络教学可以实施以实时传播、资源检索、课程测试、教学论坛及休息娱乐几个模块构成的具体形式，分述如下：

1.“实时传播”为教、学者搭建了在线交流的平台，构建自主学习的语言环境类似于网上“英语角”，学习者可以和教师围绕一个主题的若干部分，融听、说、读、写、译为一体，开展课堂内外相结合的相关教学，达到知识构建的目的。

2.“资源检索”为学生提供大量的学习资源，包括语言应用及各种考试资料等内容，学习者可以根据各自不同的学习目的找到自己所需要的资源。

3.“课程测试”是教师针对学生而设计的通过在线网络进行自我检测相关课程的自主学习效果的模拟考试形式。

4.“教学论坛”是学习者进行交流学习内容与学习方法，以及教师为学习者答疑的交流平台。教师和学习者都可以进行留言，对学习过程中遇到的问题，进行讨论与交流。

5.“休息娱乐”是教师为学习者提供的一些优秀的外文影视、文学作品或者一些与外语相关的笑话、游戏等，可以让学习者在学习之余体验英语文化，轻松心情。

由于网络资源过于丰富，良莠不齐，教师还应当对学生在网络学习的过程中进行适当的管理，通过学习者的网络学习的情况对其进行有效的监督。

三、网络教学法的特点

网络教学为学习者提供了个性化学习的条件，网络教学软件也能为不同层次、不同类型的学习者提供各自的需求空间，能针对不同的学习者选用不同的教学内容、教学手段以及检测评估系统，充分实现个性化学习的目的，利用网络技术，使教师对学习者课外学习情况的了解与监督变成了可能。同时，在网络上有针对性的辅导，更能满足学习者的个性化需求及学习兴趣，避免了僵化的统一管理模式。网络教学还具有如下显著特点：

1.网络教学提供了异常丰富的教学资源的共享。网络技术实现了世界范围内的资源共享，地球变小了，人与人的距离拉近了，交流沟通变得更迅捷了。网络教学使简便地寻找到丰富的教学资源成为可能，从天文地理到体育娱乐，从文化教育、政治历史到科学技术等，无所不包，为英语学习者提供了大量的教学资源。教学可以不再受时间和地域的限制，教育资源缺乏的地区电能借助网络享受同样的教育。

2.激发了学生学习英语的兴趣。学习是主动的过程，兴趣是最好的老师和助推剂，网络教学中的多种媒介功能的集合，变传统教材的呆板为信息技术的生动情景化。通过图像、文字、声音、动画等，学习者在网络教学提供的英语环境下会主动积极地去寻找感兴趣的教学资源，提高了学习的趣味性和主动性。

3.网络教学营造了开放的学习环境和自主的学习氛围。网络教学为学生提供了一种新的学习模式，使学生在自己愿意的时间、地点以自己乐见的方式学习信息网络不受时间地域的限制，向所有学习者开放，丰富的网络资源为学习者提供了传统教学难以提供的英语语言环境，同时由于网络教学的自身特点，便于学习者结合自身情况自主学习，学习者在网络间可以进行自由的双向、多渠道交流。

4.有利于新型师生关系的建立。教学过程，是教与学的结合。自主式教学模式的建立，需要变“以教师为中心”为“以学生为中心”，同时建立新型的师生关系。学生不再是被动的接受者，变被动学习为主动求学。教师也不再只是知识的传授者，还应当是教学活动的组织者、管理者、促进者等角色。师生之间通过网络这个先进技术的平台，除了完成知识的传承之外，还可以进行学习能力的交流，构建起更为和谐的师生关系。

第五章　“产出导向法”的理论体系

众所周知，大学英语是我国高等教育中必备的基础课程，英语教学的目的是要培养学生的英语运用能力。大学英语教学是双向、动态的交流，学生应该有充分的输入与输出的机会。与传统的被动教学方式不同，“产出导向法”作为我国高校在教学新环境下探索引进的新型英语教学模式，以教学理念、教学假设和以教师为中介的教学流程构成了“产出导向法”的核心体系。此种教学模式大大改善了目前英语教学中经常出现的“费时低效”的现状，很好地平衡了在大学英语课堂中输入与输出的关系，达到提高课堂教学效果，使学生语言能力得到均衡发展的目的。

第一节　“产出导向法”的基本定义

“产出导向法”继承我国教育的优良传统，借鉴国外外语教学理论和实践的精华，立足于解决我国外语教学中“重学轻用”或“重用轻学”的不良倾向。“产出导向法”的原型为“输出驱动假设”，针对的是英语专业技能课程改革，2013年拓展到大学英语教学，2014年初修订为“输出驱动—输入促成假设”，同年10月在“第七届中国英语教学国际研讨会”上被正式命名为“产出导向法”。但需要注意的是，该方法主要针对中高级外语学习者。“产出”与“输出”的含义不同。“产出”除了包括“输出”所指的说和写以外，还包括口译和笔译；“产出”既强调产出过程，又强调产出结果。

经过近十年的思考探索和多轮教学实践，目前“产出导向法”的理论体系与实施路径已经基本形成。“产出导向法”理论体系由理念（学习中心说、学用一体说、全人教育说）、假设（输出驱动、输入促成、选择性学习）和以教师为中介的教学流程（驱动、促成、评价）三个部分组成。前期教学研究已经显现“产出导向法”教学的初步成效，但“产出导向法”教学在实践过程中仍然不断碰到新问题，其中主要的难题之一是：与传统教学法相比，“产出导向法”教学要求学生完成的产出任务频次高、类型多，而大学英语班级容量大、学生多，教师课程负担重，难以保证反馈及时充分。如果只要求学生产出，而不提供有效、快捷的反馈，学生产出动机会受挫，产出质量也难以保证。为解决这一难题，近年来有些教师尝试“学生自评”“同伴互评”和“机器自动评分”等评价方式。也有研究者就不同评价方式的有效性开展实证研究，结果表明，这些评价方式均有一定成效，但各有优劣。就学生的看法而言，更多学生仍旧坚信教师的评价更权威、更可靠、更有效，在中国文化情境下这种观念表现得更为鲜明。

第二节 “产出导向法”的教学理念

“产出导向法”的理论体系由教学理念、教学假设和以教师为中介的教学流程构成，而其中“教学理念”是其他两部分的指导思想，“教学假设”是“教学流程”的理论支撑，“教学流程”是“教学理念”和“教学假设”的实现方式，教师作为中介作用于“教学流程”的各个环节当中。

一、学生中心说

教学就是指教的人指导学的人进行学习的活动，是指教与学相结合相统一的活动。教学是教师依据一定的教育目标，以传授和掌握知识为基础，促进学生整体素质发展的教与学相统一的教育活动。教学就是围绕两个主体展开，即教授者与学习者。长期以来，针对这两个主体哪个更重要、起主导作用，各国学者展开了激烈讨论，并产生两大中心学说：教师中心说和学生中心说。

根据教师中心说，教师是整个教学活动的决策者和执行者，处于主导地位，学生在整个教学活动中是配合者，是教师任意塑造的对象。从教学目标的设定、教学内容的选择、教学手段的使用、教学方法的流程、教学气氛的调动以及教学评价的标准甚至教学评价的实施、整个教学过程包括教学过程之后的活动都是由教师决定，教学的主要目的是确保学生准确迅速地掌握书本上的知识，教学方法主要是教师完全按照教材内容在课堂上进行集体口头阐释，学生的学习方法主要是刻板练习和死记硬背。教师中心说格外重视教师对知识的传授、如何传授以及传授的结果。教师的一言一行随时可能被监督并被模仿。这对教师提出了非常高的要求。但是教师中心说的弊端在于：过分强调教师及权威的作用，扼杀了学生的创造力及学习兴趣。一切教学活动都围绕教师展开，很容易造成重教轻学的现象。而“产出导向法”所提倡的“学习中心说”是主张课堂教学的一切活动都要服务于有效学习的发生，挑战的是目前国内外流行的“以学生为中心”的理念。

学生中心说主张学生在教学中居于支配地位、起决定作用。这一理论的出现向长期占据主导地位的教师中心说发起挑战。学生中心说的提出要求教师根据学生的具体需求与实际情况安排教学活动，不是一味地按照书本内容“满堂灌”。尤其是针对大学教育，大学生在学习上拥有更强的学习自主性与可选择性，一味地按照教材内容进行刻板的教学已不能满足大学生的生理和心理发展需求。但以学生为中心这一理念很容易造成误解，一方面，将教师在课堂上边缘化，易造成课堂教学纪律混乱、师生不能默契配合、课后不能有效地完成教学评估任务；另一方面，又不适当地扩大了学生的作用。学生被认为是教学目标、内容和教学进度的决定者、课堂话语的主导者，似乎教师只要为学生提供更多的互动机会，并与学生形成良好的师生关系，学生就能自然而然地构建和掌握新知识。至于每节课的教学目标是否达成、学生在课堂上的学习效率等反而不是教学关注的重点。“以学生为中心”的理念大约在20世纪末、21世纪初被引入我国外语教学界。此理念的引入直接打破了长期统治我国外语教学的“教师中心说”，开始重视学生在课堂教学中的作用。但又不能“以学生为中心”理念来简单表述，这很容易将教师在课堂上的作用边缘化，也会容易不适当地扩大学生的作用。尽管教师被赋予了多种头衔，如促学者、帮助者、咨询者等。但是，他们最重要的职责并未得到合理彰显，反而学生被认为是教学目标、内容和教学进度的决定者、课堂话语的主导者，教师似乎只是为学生提供机会，学生自己通过互动，就能构建和掌握新知识。至于每节课的教学目标是否达成、学生在课堂上的学习效率等，反而不是教学关注的重点。目前，这一理念在国外也受到部分学者的批评。

从本质上来讲，“以学生为中心”的理念其实并未厘清学校教育与社会学习的本质区别。学校教育是一种有计划、有组织、有领导且讲究效率的教育形式。无论是教学内容还是评估方式，都不可能完全由个别学生的兴趣或需求来决定。

与“以学生为中心”的理念相区别，20世纪80年代我国“教学论”专家提出了“教师主导、学生主体”的原则（即“双主”原则）。教师接受过专门教育训练，能把控教学的方向、内容和方法。与此同时，学生的主体作用也不能否定，因为“学”必须是学生独立自主的行为，教师无法包办替代。

针对两大中心说存在的弊端，提出了新的教学理念——学习中心说。学习中心说是产出导向法中的教学理念，挑战了目前国内外流行的学生中心说。学习中心说主张课堂教学的一切活动都要服务于有效学习的发生。整个教学过程完全以学习为中心，教师与学生的互动都是为了促成教学目标的达成。以学习中心说为教学理念，在教学准备、安排、评价一系列过程中对教师与学生也有不一样的要求。“学习中心说”主张教学必须要实现教学目标和促成有效学习的发生，因此，“产出导向法”认为，该原则比“双主”原则更简洁明了、更准确地反映了学校教育的本质。课堂上的活动可以有多种形式：教师讲授、小组讨论、对子活动、个体展示、小组展示等，不同的形式服务于不同的教学目标，关键在于教师要选择实现教学目标的最佳形式。教师教学主要在课堂上进行，而课堂教学时间极其有限，特别是在当前大学外语教学的课时被压缩的前提下，教师更要惜时如金，将时间都用到学生的有效学习上。从这个角度出发，“产出导向法”在设计每一个教学环节或任务时，首要关注的是学生能学到什么，而不是简单地考查谁在课堂上说话，谁在发挥主导作用。

首先，精心选择材料。“产出导向法”提出教师要挑选思想境界高、弘扬正能量、反映国内外社会和政治热点话题的语言材料。延伸到其他学科，挑选教材要把当下国内外政治、经济、科技、文化热点与相关教学内容相结合，使学生产生浓厚的兴趣，帮助学生树立正确的思想价值体系、陶冶情操、培养家国情怀、拓宽国际视野。

其次，教师在新单元学习之前就向学生呈现他们在未来学习和工作中可能遇到的交际场景和讨论的话题。他们能够真实感受到这些情景存在的可能性及在这些场景中所要讨论的话题对其认知的挑战性。学生在尝试时，让其亲身体验到完成这项任务并非易事。此时，他们内心会产生一种学习的压力和动力。衍伸到其他学科也是同等道理。例如法律、经济以及教育等专业，教师在开始新课程前给学生一个案例、设计一个场景，让其意识到这些看似简单寻常的任务很可能是进入职场后遇到的现实问题，日后如果处理不当很可能出现尴尬或陷入窘境。这样学生就会有用本堂学习知识处理问题的压迫感和焦虑感。在整个教学过程中，教师其实也在经历学习。学生在课堂上提出的解决方案很可能是具有建设性和创造性的。整个学习过程并不是在教授，而是在引导、聆听与互动。因此，这对教师是个极具挑战的教学理念，不是一味地照本宣科，要进行选择、判断、分析、总结。

课堂上的活动可以有多种形式：教师讲授、小组讨论、个体展示、小组展示等，不同的形式服务于不同的教学目标，关键在于教师要选择实现教学目标的最佳形式。而课堂教学时间有限，特别是在当前大学课堂教学时间被压缩的情况下，时间应该用到有效学习上。学生在学习过程中也要根据所学知识进行有效的产出，进一步自我思考将所学知识内化，并在课后自己模拟可能出现的场景，进行自我训练并对自己的表现自我评价或者同伴互评。

总之，教学是人类知识文明积累的有效活动，无论什么样的教学理论或者模式都是为了让学习更有效地发生、人类知识更准确地传递。教师被赋予了促学者、帮助者、咨询者等新头衔，学生是教学活动的协助者、创新者、接纳者。

两者良好互动才能使教学活动圆满进行，对教学理念的探究才不会停止。

二、学用一体说

在“产出导向法”倡导的“学用一体说”中，“学”指的是输入性学习，包括听和读;“用”指的是“产出”，包括说、写与口笔译。该假设针对的是“教材中心”“课文至上”及教学实践中出现的“学用分离”弊端，主张边学边用，学中用，用中学，学用结合。换句话说，“产出导向法”提倡输入性学习和产出性运用紧密结合，两者之间有机联动，无明显时间间隔。

“产出导向法”不反对使用教材。事实上，无论何种科目的学校教育都要依托于教材。然而如何用好教材取得良好的教学效果，这是问题的核心所在。目前在我国外语教学中，教学一般从教材中的课文整体入手，引导学生了解文章结构及其传递的主要信息。新课文的教学环节有“热身”、快速阅读、分析文章结构、梳理主题思想、分析语言难点和赏析写作技巧等。课堂上师生或学生与学生之间互动频繁，但这种互动很少为学生提供连贯表达语言的机会。课文串讲结束后，逐一完成课文后面的多种练习。这种教学方其的突出弱点是，教师误把教授课本知识作为课堂教学的目标，而不是培养学生综合运用英语的能力。如此做法，输入与输出就有较长一段时间差。特别是在目前课堂教学时间有限的情况下，不少教师反映，教材内容刚刚处理完，有的还来不及教完，就要进入新单元的学习，根本无法腾出时间培养学生的产出能力。其结果是，学生虽然积累了不少接受性知识，或者称之为惰性知识，但这些知识不能自动转化为产出能力，进而用于日常交际。

“产出导向法”提倡的“学用一体说”主张在课堂教学中，一切语言教学活动都与运用紧密相连，做到“学”与“用”之间无边界、“学”与“用”融为一体。学生不再单单学习课文，而是以课文为手段来学习用英语完成产出任务。目前大学英语的教学质量受到全社会的关注，不少人抱怨学了10多年英语，还是开不了口。如果采用“学用一体说”，无论英语水平高还是低的学生，都应该能用英语做事，其差别不在于能不能做，而只是做事的复杂程度不同。

三、全人教育说

“产出导向法”语言教育对象是人。而人是有思想、有感情的高级动物。教育要为人的全面发展服务，就需要顾及人的智力、情感与道德等各个方面。具体而言，外语课程不仅要实现提高学生英语综合运用能力的工具性目标，而且要达成高等教育的人文性目标，例如提高学生的思辨能力、自主学习能力和综合文化素养等。

“全人教育”理念兴起于20世纪70年代，它整合了以往“以社会为本”与“以人为本”两种教育观点。“全人教育”既重视社会价值，又重视人的价值，其目的就是促进人的全面发展，培养有道德、有知识、有能力、和谐发展的“全人”——“指的是完整的人，包括人的身体、智慧、德性、情绪等方面的发展。

自“全人教育”理念产生以来，它成了教育改革的理论基础和指导思想。在我国，随着人们价值观念的变革以及教育改革的深化，“全人教育”也日渐受到了重视。国内有关文件显示，大学英语课程不仅是一门语言基础课，而且是拓宽知识、了解世界文化的素质教育课程，具有工具性和人文性。“全人教育”理念与大学英语课程教学要求是一致的，都是全面培养学生的综合素质。大学英语作为必修课，既要使学生掌握基本的语言知识和技能，也要让学生在课堂上学会如何做完整的人。因此，在当前的教学改革形式下，将“全人教育”的理念融入大学英语教学中，对培养具有综合素质的人才具有十分重要的意义。

长期以来，外语课程是否要坚持“全人教育说”一直是个有争议的问题。有学奢认为，外语课程的工具性目标应该占主导地位。例如，大学英语主要不是一门素质教育课程，提高学生人文素质修养不应成为大学英语教学的主要目的。当然，更多的学者赞成工具性与人文性目标并重的看法，主张全人教育。但是，“产出导向法”虽然坚持“全人教育说”，但这并不意味着人文性目标的实现需要占用额外的课堂教学时间。事实上，在“全人教育说”之下，课堂并不是实现人文目标的唯一手段。

“全人教育”课程观认为课程是学生通过感受、观察、思考和参与所体验到的学校生活的所有表现形式。这一定义打破了传统的课堂以及学科边界。一方面，学习不再仅仅在课堂上发生，课程必须与课堂以外的所有形态有关联；另一方面，学科内容不再是课程的唯一组成部分。课程应该在界限分明的各学科之间建立起广泛的联系。

具体到大学英语这一门课程中，培养学生基本的英语运用能力，奠定坚实的语言基础体现了该课程作为一门必修课的课程性质和地位。但大学英语课程并不仅仅是一门语言课程，应该从不同学科的视角来看待大学英语的学习，应重视该课程与其他课程之间的联系。也就是说，大学英语课程既要满足学生的语言学习需求，也要对学生学习其他课程起到一定的促进作用。这门课程关注的不仅仅是“学习英语”，更重要的是如何用“英语学习”。大学英语课程与其他课程的学习是相辅相成、密不可分的。

与此同时，大学英语课程还需打破传统的以课堂为主要阵地的观念，将英语课程与更广阔的外部社会建立联系。学生作为独立的一个社会人，既是课程的学习者，也是课程的参与者和推进者。课程必须从学生的需求出发，尊重个体的特点，激发学生的学习兴趣，带动学生从密切相关的生活点滴中学习英语，营造自由、充分和持续的学习环境和学习体验。

大学英语不仅应该注重学生英语综合运用能力的培养，而且应该注重培养学生作为一个完整人的素养的培养，以培养身心全面发展的人。在教学中，要突出人、突出每一个人的个性特点、个人的爱好、人的价值，实实在在培养人文素养，侧重人的全面发展。知识的习得与运用是语言学习的重要目标，但不是唯一的目标。语言是文化的载体；语言的学习也是文化和人文素养的学习。文化的熏陶又会促进语言的学习。单纯的知识讲授和技能培训很可能忽视了学生作为独立个体的特点，进而扼杀了学生作为一个完整人的学习热情。没有人文素养的浸润往往培养出来的是“工具人”“技术人”。

我国著名学者、教育家蔡元培曾说过：“教育者，养成人格之事业也。使仅仅为灌注知识、练习技能之作用，而不贯之以理想，则是机械之教育，非所以施于人类也。”外语教学应该以人为本，尊重学生，培养学生自信、自尊、诚实、责任感、学习热情等良好品德。这些目标不仅是语言目标，而且是人文目标，使学生养成批判性思维习惯，学会学习，并具有良好的品德，保持持续学习的热情和终身学习的能力，从而培养全面发展的人。

目前，大学英语教学已经实现了现代信息技术、计算机技术与课堂的充分结合，改进了过去单一的书本讲授的传统教学方式。大学英语课堂普遍使用多媒体进行教学，PPT的使用已经是不可或缺的一种教学手段。尤其是现代网络技术的发展，信息的整合、资料的搜寻、任务的下达、反馈的接收等，均能以网络为依托，大学英语教学模式越来越灵活，一定程度上可以不受到时间和地点的限制，个性化的教与学都变得可能。

结合当前外语教学中的新形势新发展，大学英语教学模式应体现英语教学实用性、知识性和趣味性相结合的原则，要充分调动教师和学生两个方面的积极性，尤其是要体现学生在教学过程中的主体地位和教师在教学过程中的主导作用。

但在实际的教学中，大学英语的教学更多的是语言知识的讲授与技能的训练，四六级考试依然对大学英语的教学有着很大的影响力，教学模式摆脱不了各种考试的直接或间接的影响，语言学习的工具性和功利性尤为突出。同时，外语学科与其他学科没有建立起联系，学生往往孤立地看待这门语言课，意识不到学科之间的关联性。这就是为什么在大学阶段很多学生反映自己的英语水平反而不如高中的水平了。在高中阶段，因为有高考的目标，能够集中力量学习，目标明确；进入大学后有众多的专业课程，还有公共必修课以及选修课等，精力分散，更重要的是英语学习看似与这些专业课程没有任何联系，学习缺乏动力，没有方向。四六级考试仅仅是对其英语水平的一种认定，应试备考并不能从根本上提升实际的英语语言能力。

外语教学如何能够走出这两难的处境？“全人教育”理念给我们提供了新的视角。作为课堂教学的主导者，首先，在教学内容的选择上，应尽量贴近学生的生活和思想，引起学生的共鸣，推动学生进行思考。尽管对一所高校而言，大学英语的教学教材是统一的，但教师应该有选择的可能，对教学内容进行删选；其次，在教学方法上必须因人而异，注重学生的个体差异和学习需求，没有固定的放之四海而皆准的模式可以套用。在教学过程中，必须摒弃过去以知识的讲授为单一目标的教学方法，重视学生的情感、态度和价值观。我们可以通过认真选择产出任务话题、精心选择为产出任务服务的输入材料、巧妙设计教学活动的组织形式，在课余实现教学目标。

首先，“产出导向法”认为有利于人文性目标实现的话题可分为两大类：一是有利于学生树立正确的世界观、人生观和价值观；二是有利于培养学生中外文明沟通互鉴和传播中国文化的能力。换句话说，一类话题围绕的是如何促进学生个人健康成长，另一类话题围绕的是如何使学生担负起推动中外文化交流的社会责任。可见，通过认真选择产出任务话题可以充分调动培养学生的学习能力。

其次，精心选择为产出任务服务的输入材料。教师既要挑选思想境界高、弘扬正能量的语言材料，用于陶冶学生的情操、帮助建立正确的思想价值体系，又要挑选反映国内外社会和政治热点话题的语言材料，用于培养学生的家国情怀、拓宽学生的国际视野。

最后，教师可以通过小组活动培养学生的互助合作精神，也可以通过学生互相评价产出成果提高学生客观评价他人优缺点的能力，巧妙设计教学活动的组织形式。

第三节 “产出导向法”的三个教学假设

一、输出驱动假设

“输出驱动”主张产出既是语言学习的驱动力，又是语言学习的目标。产出比输入性学习更能激发学生的学习欲望和学习热情，更能够取得好的学习效果。换句话说，教学中以产出任务作为教学起点，学生尝试性完成产出任务后，一方面，能够意识到产出任务对提高文化素养、完成学业和改进未来工作的交际价值；另一方面，能够认识到自己语言能力的不足，增强学习的紧迫感。该假设相信，一旦学生明确了产出任务的意义和自身的不足后，会更积极主动地为完成产出任务而进行输入性学习，以弥补自己的不足。国外有关学者认为，输入假设将输入视为二语习得的决定性条件，忽略了输出的作用；输出假设在认可输入作用的前提下，补充说明了输出不可或缺的四大功能：

1.强化语言的流利度。

2.验证语言假设。

3.提高对语言缺口的意识程度。

4.培养元语言能力。

然而这一观点未明确提出在不同阶段，学习要以输出来驱动输入的学习。有关学者早期的互动假设强调互动可以提供输入的可理解性，后期修订过的互动假设补充说明了在活动过程中纠正性反馈有利于学习者学习正确的语言形式，但也未揭示输出对输入的反作用。输出驱动假设借鉴了前人对输入和输出在二语习得中作用的阐述，所不同的是，颠覆了“先输入，后输出”的常规教学顺序，取而代之的是输出—输入—输出教学顺序。

二、输入促成假设

该假设提出，在输出驱动的条件下，适时提供能够促成产出的恰当输入与不提供的相比，前者能够取得更好的学习效果。我们可以通过多次观察过大学英语教学的课堂，发现有些教师遵循“学生中心教学法”，首先给学生布置一项产出任务，然后组织对子或小组讨论，或在全班开展“头脑风暴”，在集思广益的基础上再进行产出任务的练习。这些教师相信，学生通过积极参与知识构建的过程，能够互相学习，取长补短。这样的方式确实能够激活学生已有的知识和语言点，增强运用语言的流利性，在一定程度上也能从其他学生身上获得新知识点或新语言点，但学习的效率会受到明显限制。因为，学生之间的差异毕竟有一定的限度，同时这种学习好像日常生活中的自然学习，需要学习者有高度的自我学习意识。如果在学生互动交流的基础上，教师又能够提供恰当的输入材料，这些材料就能起到“专家引领”的作用，有效拓展学生现有的知识与语言体系，将产出水平推向一个新高度。

三、选择性学习假设

“选择性学习”指的是根据产出需要，从输入材料中挑选出有用的部分进行深度加工、练习和记忆。该假设认为选择性学习比非选择性学习更能优化学习效果。根据心理学理论，无论是课堂学习还是日常学习，成功学习者总是从接触到的多种信息中选择重要信息进行处理、记忆，而不是不加区分地进行全面深度加工。这个道理其实很简单，人在同一个时段的注意力和记忆力总是有限的。如果焦点不集中，有限资源分散在多个焦点上，学习有效性自然不会高。传统的“精读”教学模式属于非选择性学习，即将课文中出现的所有语言现象不加选择地进行加工，期待学生掌握课文中的一切新知识，这种学习方式在特定环境中具有一定价值。例如，在我国20世纪90年代以前，采用这种“精读”学习能够最大限度地发挥有限输入的作用。但现在学习外语的条件有了很大改善，特别是英语，输入几乎无处不在。只要想学，随时随地都能找到大量材料。在面对大量学习项目而课堂教学时间又非常有限时，学生必须进行选择性学习。

此外，选择性学习假设也具有社会“真实性”。在实际生活中，人们经常在产出任务的驱动下去寻找输入材料，如撰写论文、准备会议发言稿都需要寻找大量参考文献。人们在面对多种参考材料时，总是择其有用部分为自己服务。如果采用非选择性学习，从头到尾仔细加工，必然费时耗力，且收效不高。①

①程彩兰，韩彦林.基于“产出导向法”的大学英语信息化教学效能研究[M].沈阳：东北师范大学出版社，2017.

第四节　设计“产出导向法”的教学流程

“产出导向法”的教学流程涵盖三个阶段：驱动、促成、评价。这三个阶段都必须以教师为中介。这里的中介作用具体表现为引领、设计、支架作用等。

一、驱动

传统外语教学开始一个新单元时，通常由教师组织“热身”“导入”活动，以激发学生学习新课文的兴趣或者激活学生已有的背景知识。不管采用何种形式，目的都是更好地学习课文。从这个意义上说，这样的“热身”活动都是为后面学习课文做铺垫，或者说是为更好地接受输入做准备，而不是激发产出的欲望。

与传统教学方法不同，“产出导向法”将产出的“驱动”置于新单元的开头。根据表5–1，“驱动”包括三个环节：教师呈现交际场景、学生尝试产出、教师说明教学目标和产出任务。

表5–1　“驱动”的教学步骤和要求

	教学步骤	教学要求
1	教师呈现交际场景	场景具有交际性，话题具有认知挑战性
2	学生尝试完成交际活动	让学生认识到自我预言的不足，产生学习欲望
3	教师说明教学目标和产出任务	使学生明确交际与语言两类目标；使学生清楚产出任务的类型和内容

第一个环节“教师呈现交际场景”是“产出导向法”最具创意的部分。“产出导向法”试图在新单元学习之前，就明确向学生呈现他们在未来学习和工作中可能遇到的交际场景和讨论的话题。这些场景学生虽未经历过，但他们能够真实感受到这些情景存在的“可能性”及在这些场景中所要讨论的话题对其认知的挑战性。第二个环节“学生尝试”，是让学生亲身体验到完成这样看似简单、平常的产出任务并非易事，日后可能因此而出现尴尬，或陷入窘境。此时他们内

心会产生一种学习的压力和动力。这就是教师有意在为学生制造“饥饿状态”。第三个环节是“教师说明教学目标和产出任务”。教学目标分为两类，第一类为交际目标，即能完成何种交际任务；第二类为语言目标，即需要掌握哪些单词、短语或语法知识。与以往课文教学不同的是，所列出的语言目标一定要能为交际目标服务。凡是输入材料中与本单元交际目标无关的新单词、短语或语法形式均不列在语言目标中。这就是前面提到的对“选择性学习”的要求。按照完成任务的时间，产出任务分为课内和课外两类，课内指的是与输入学习同步进行的产出练习，课外指的是教师要求学生课下完成的产出练习。按照难度，课外任务又分为复习性和迁移性两种。所谓复习性任务就是期待学生熟练完成课堂中分步练习的子任务，所谓迁移性任务就是要求学生运用课堂中练习过的能力完成的新任务。

鉴于目前移动技术的普及，产出“驱动”这一环节可以拍成视频，或者微课，让学生在课前学习。课上教师只需要检查学生对视频、教学目标和产出任务的理解情况即可。这样可以腾出更多时间进入第二个阶段。

对于实施“产出导向法”的教师来说，这个环节最具挑战性，因为教师不能像传统教学一样，只围绕课文设计教学流程。“产出导向法”要求教师确定恰当的产出目标和与之相匹配的产出任务，还要求围绕目标和任务设计“产出”场景，用于激发学生学习输入的动力。即便将来出版社编写了适合“产出导向法”的教材，教师仍旧要根据自己所教学坐的外语水平，对教材中提供的产出情景难易度进行适当调整，并根据学生外语水平的差异，提供有区别性的产出任务，供不同水平学生进行选择，充分发挥学生的潜能。

二、促成

“促成”包含三个主要环节：教师描述产出任务；学生进行选择性学习，教师给予指导并检查；学生练习产出，教师给予指导并检查。表5-2列出了每个环节的教学要求。

表5-2 “促成”的教学步骤和要求

	教学步骤	教学要求
1	教师描述产出任务	使学生清楚了解完成产出任务的步骤和每一步的具体要求
2	学生进行选择性学习，教师给予指导并检查	使学生能够从输入中选择产出任务所需的内容、语言形式或话语结构
3	学生练习产出，教师给予指导并检查	使学生能够将选择性学习结果立即运用到产出任务中去

“产出导向法”引导学生从输入中选择什么呢？成功完成一项产出任务，至少需要内容、语言形式和用语言表达内容的话语结构。第一步，根据选择性学习的原则，每个时段的教学要有重点。“产出导向法”通常从内容开始。有些产出任务，如果没有输入材料的帮助，即便要求有些学生用中文回答，他们也未必说得清楚。第二步，将重点放在语言表达形式的学习上，其中包括能够为产出任务服务的单词、短语和句型。第三步，从输入中提取产出任务所需要的话语结构。“产出导向法”建议采用学生或教师模仿学生完成的优秀作品作为提取话语结构的输入材料，因为英语本族语者撰写的文章或者口头发言材料一般比较长，学生不易模仿。这里还需要强调的是，学生提取的话语结构仅作为起步阶段的帮助，此后，“产出导向法”应该鼓励学生运用富有个性特征的自我表达结构。

教师在引导学生对输入材料进行处理时，学生无论是选择了内容、语言形式还是话语结构，对于选择的结果是否恰当，教师都需要给予即时检查，以便了解学生选择性学习的成效。

输入促成的第三个环节是“产出练习与检查”。产出任务的完成不能采用“放羊式”，让学生在课内开展对子或小组练习后无检查。按照“产出导向法”的教学要求，“产出练习”要在教师的指导下，循序渐进地进行。练习结束时，要立即进行评估，了解学生是否具备完成产出任务的能力。

在促成的环节中，教师的脚手架作用最为明显。教师要在充分了解学情的基础上，决定提供帮助的程度。根据社会文化理论，“谁来做脚手架”“提供脚手架的方式”都要符合学生的外语水平。提供的帮助过多，不利于培养学生的学习自主性；提供的帮助不足，学习效率受限。因此，教师要有意识地逐步降低自己的脚手架作用，同时逐步提高学生的学习责任感。以“谁来做脚手架”为例。在实施“产出导向法”开始阶段，学生不熟悉如何从输入中提取有用材料为产出服务，教师就要更多地承担脚手架的功能。一旦一些高水平学生掌握了选择性学习的方法，就可以让他们来承担这个功能。再如，为产出任务寻找恰当的输入材料。开始阶段，教师承担主要责任，但随着学生熟悉了“产出导向法”的教学理念、教学假设和教学流程以后，教师就要鼓励学生自己寻找合适材料对教材的内容加以补充，或者要求他们自己寻找全新的输入材料。

三、评价

产出的“评价”可以分为即时和延时两种。即时评价指的是“促成”两个环节中的“检查”部分，即在学生进行选择性学习和产出任务练习的过程中，教师对学生的学习效果给予的评价。这种即时评价能够帮助教师适时调整教学节奏，掌控教学进度。延时评价指的是学生根据教师的要求，经过课外练习后，再将练习的成果提交给教师评价。本节主要讨论延时评价。

延时评价的产出结果有两类：1.复习性产出；2.迁移性产出。

在“促成”阶段，学生分步练习了若干产出子任务；课后教师要求学生连贯地完成整个产出任务，并在下一节课上展示，这就是复习性产出。教师也可以要求一些水平较高的学生完成具有一定相似性的新任务，这就是迁移性产出。产出的呈现形式可以是说、写、口译、笔译和编译，具体采用何种形式可允许学生根据自己未来就业的需要进行选择。由于课堂教学时间非常宝贵，“产出导向法”认为不适宜在课上检查所有学生的产出成果，因此，这里又分为课内与课外评价两种。表5-3列出了延时评价产出任务的步骤与要求。第一项任务是学习评价标准。“产出导向法”强调标准的构建需要师生共同参与，务必取得共识。不同的产出成果有着不同的评价标准。教师可以结合具体的产出任务和样本分别讨论说、写、译的评价标准。标准要表述清楚，便于学生理解，同时也要有利于他们对照检查自己执行的情况。第二项任务是提交产出成果。教师要事先向学生说明提交成果的最后期限和提交形式，建议以书面形式发给每个学生，这样不易导致学生误解或遗忘。

表5-3 延时评价产出的步骤和要求

	教学步骤	教学要求
1	师生共同学习评价标准	标准清晰、易懂、易对照检查
2	学生提交产出成果	提交期限清楚，提交形式明确
3	师生课上评价产出成果	有效使用时间。对听众提出明确要求，教师评价有针对性
4	师生课下评价产出成果	师生共同参与评价，学生陆续提交的产出成果作为形成性评价的依据

对于需要在课堂上评价的口头产出成果，教师一定要事先了解学生展示的内容，并做好评价准备。教师的针对性和区别性的评价是学生特别期待的反馈。与此同时，要事先设计有效方法，确保听众与展示者共同受益。如果课堂上评价的是书面产出成果，最好采取师生合作评价的方式。具体做法是，教师课前精心批改所要讨论的作文。课堂上，教师先将未批改的原文发给学生评价，再给出自己的修改方式，然后与学生共同讨论修改的理由。这样的合作评价方式通常能够取得更好的学习效果。其他未参与课内评价的同学一定要在网上提交产出成果，师生共同给予评价。

对延时评价任务的选择与布置，教师除了要考虑与教学目标和所学输入的关联度外，还要考虑学生的学习负担。虽然产出任务有助于综合运用外语能力的培养，但当多门课程的产出任务集中在同一时段时，学生就可能疲于应付，得不到应有效果。教师最好在开学初就向学生公布整体评价计划，并征求学生意见。学生一学期要完成多项产出任务。“产出导向法”主张将学生完成的所有产出任务及其评价形成档案袋，这样既可以让学生亲身体验自己一学期取得的进步，又可以作为学生本学期形成性评估的依据。

第五节 “产出导向法”的教学效果评价

由于产出导向法是一种全新的教学方法，需要学生克服思维定式和实践惰性，因此，在实施“产出导向法”之前，教师必须花费足够的时间对学生进行“导学”，解释“学习中心说”“学用一体说”和“全人教育说”的理据，讲解“输出驱动”“输入促成”和“选择性学习”的理由并演示其具体做法。只有当学生理解并接受了“产出导向法”的理念并在初步实践中尝到甜头，“产出导向法”才有可能取得成效。根据前期教师尝试“产出导向法”的实践，大学生接受“产出导向法”需要一个过程。并且只有在成功“导学”的前提下，才有可能对“产出导向法”的有效性做出客观评价。“产出导向法”的有效性可客观评价，其教学效果才能凸显。

一般来讲，“产出导向法”始于产出，止于产出，特别重视对学生产出结果的有效评价。课前，教师根据单元教学目标选择并评阅典型样本。课内，学生先独立思考，再进行对子/小组交流，然后在教师引领下进行大班讨论，教师适时给出课前准备的评阅意见。课后，在教师课内专业指导的基础上，学生采用自评或同伴互评对“师生合作评价”加以补充。与传统教学法相比，“产出导向法”教学要求学生完成的产出任务频次高、类型多，而大学英语班级大，教师课程负担重，难以保证反馈及时充分。如果只要求学生产出，而不提供有效、快捷的反馈，学生产出动机会受挫，产出质量也难以保证。为解决这一难题，近年来有些教师尝试“学生自评”“同伴互评”和“机器自动评分”等评价方式。也有研究者就不同评价方式的有效性开展实证研究，结果表明，这些评价方式均有一定成效，但各有优劣。就学生的看法而言，更多学生仍旧坚信教师的评价更权威、更可靠、更有效，在我国文化情境下，这种观念表现得更为鲜明。

就网络环境下的大学英语教学评价而言，大学英语教学中应采取形成性评估。形成性评估不但可以全面考察学生的学习过程、学习策略、学习态度、学习兴趣以及情感，而且可以全面发挥学生的主体性、培养学生的自主学习以及合作学习能力。因此，学者一致认为建立基于网络环境下的形成性评价体系势在必行。有关学者以连接主义理论为基础，以生态化、语言技术交叉化以及系统化的视角对外语教学评估体系进行了全面的分析，他们认为评估体系应以形成性评估为主，形成性评估以及终结性评估应相辅相成。还有学者认为，大学英语教学中的动态评价体系在培养大学生的认知能力以及学习能力上发挥着举足轻重的作用，并提出开发课堂教学动态评估的七大理由以及五段式课堂教学动态评估设计，论证了在我国大学英语课堂教学中建立动态评估的必要性和可行性。

有的学者就大学英语教学的不同领域进行了评估系统、模型体系的研究，并对评分行为进行了探索。有关学者研究了如何运用电子软件评估系统来测试英语专业学生的写作能力，为英语写作测试研究提供了可借鉴的经验。有关学者介绍了几个非常典型的英语作文网络评分系统，并提出了需要深入探究的关键点。有关学者根据维果斯基的心智社会文化理论，提出了网络环境下的大学英语写作教学动态评估模型，使师生间、生生间形成了良好的互动环境，以期提高大学生的英语写作能力。还有学者通过Rasch模型来分析研究英语写作评分行为，并提出相应的改进意见。形成性评估应该与终结性评估相辅相成，如何对学习者进行客观的终结性评估，使计算机技术在语言测试中的应用（机考）应运而生。计算机考试已经从最原始的考务管理、监考等工作发展到如今的计算机评卷和计算机考试化。有关学者通过实验证实了机考与同质笔考的结果无显著差异，机考可以测试笔考不能实现的内容和方式，进而使考试的信度和效度提高。关于机考方面的研究，有的学者提出以网络为基础对学习者的二语习得能力进行测评，以期更全面、更客观地考察学生的英语综合能力。有的学者从测试题型、题库建设、测试手段等方面就国外机考测试进行了综述，以期对我国计算机语言测试提出前瞻性的意见。还有学者在其文章中就机考的认识误区、机考的优点以及机考设计问题等方面进行了阐释，以期使机考更趋完善。但是，目前还没有关于网络环境下评价体系、评价标准的量化以及评价反馈机制等方面的系统研究。

第六章　“产出导向法”视域下高校英语技能教学研究

随着经济全球化纵深发展，学生学习英语的目的是能够更好地沟通交流以及拓宽自身的知识面。为了帮助即将走入社会的大学生更好地适应日常语境下的英语综合性应用，在大学课堂中，教师纷纷采用产出导向法下的大学英语技能教学。本章论述大学英语听说读写教学，并探究产出导向法在大学英语听力、口语、阅读、写作教学中的应用。

第一节　大学英语听说读写教学

一、大学英语听力教学

(一) 英语听力教学的内容与目标

1.英语听力教学的内容

一般来说，英语听力教学可从以下四个方面入手，即听力知识、听力技能、听力理解和语感。

（1）听力知识

听力知识的掌握是听力能力提升的根基，对英语听力教学和听力学习来说都十分重要。一般来说，听力知识是由以下几个方面构成的。

语音知识。听力理解首先需要输入听觉信息，因此，了解语音知识对听力理解的进行起着根基性的作用。语音知识的教学也是听力教学的重中之重，直接影响学生后续听力水平的提高。

文化知识。听力语言材料中通常包含了广泛、丰富的文化信息。英语听力中包含着两种甚至多种文化，如果学生不了解一定的文化常识，是无法顺利进行听力实践的。

语用知识。在听力材料中通常也会涉及一些有关言谈交际的话题和材料。此外，交际中的会话含义是普遍存在的现象，对这些材料的理解通常需要借助于相应的语用知识来有效把握。

听力策略。听力策略知识对于听力任务的完成十分重要。具备了一定的听力策略，学生就可以根据实际情况进行听力方式的选择，从而增加了听力活动进行的灵活度。

（2）听力技能

听力技能属于较高层次的实际运用语言的能力，要想较好地改善学生费时低效的听力学习现状并提高听力教学效果，教师应充分重视听力技能的培养。具体来说，听力技能主要包括以下几个方面。

词义猜测能力。在听力实践过程中，听者不可避免地会遇到一些陌生的词汇，此时如果听者一直思考生词词义，则有可能影响后续听力信息的接收。具备词义猜测能力是一个合格的听者的必要条件，常用的词义猜测方式有根据上下文判断、借助整体语境、搜寻已有信息等。

辨音能力。在听力理解的过程中，学生需要具备基本的辨音能力。例如，辨别音位、语调、重读音节等。

大意理解能力。大意理解能力的教学内容主要是要求学生能够及时抓住交际者的意图等。

选择注意力。选择注意力也是在听力教学中所应关注的教学内容。具体而言，选择注意力就是按照听力目标的不同，让学生将其注意力集中在不同的内容上。

推理判断能力。交际是交际者在一定的交际目的下进行的，因此，言语不仅能够表达出一定的话语信息，而且体现着说话人的交际信息。听者需要根据一定的推理判断，揣摩说话人的意图，从而保证交际的顺利进行。

评价能力。评价能力能够影响听力活动的进行，指的是听者对所听内容的评价与表达能力。

交际信息辨别能力。在进行听力活动时，能够体现出其交际性。大体而言，听力材料都是由交际性语言组成的，因此，学生掌握交际信息辨别能力十分有必要。

对细节的把控能力。语言材料中包含着很多细节，这些细节是进行听力理解的基础。听者只有具备对细节的把控能力，才能以更加积极的心态进行听力理解活动。

预测能力。预测能力指的是根据一定的语境信息以及已有知识，预测下文语言话题的发展与转向，这在听力实践中也十分重要。在听力教学中，对学生预测能力的锻炼有助于学生提升其听力效率。

记笔记的能力。众所周知，听力活动带有口语活动的特点，因此，进行时间短、不可重复，在一些正式场合，听者具备快速记笔记的能力能够完善对知识的掌握，同时也有助于对整体信息的理解。

（3）听力理解

听力理解不仅包括语言的字面含义，而且涉及语言背后的深层含义。在实际的听力教学中，教师不仅需要教授给学生具体的听力知识、技能和策略，而且需要提高学生的听力理解能力。

辨认。在听力理解中，辨认是其前提，同时也是听力活动发展的基础。一般来说，辨认的内容主要涉及以下两个方面。第一，语音辨认。语音辨认相对简单，只要学生掌握了一定的英语语音知识即可完成。第二，意图辨认。与语音辨认相比，意图辨认难度较大，不仅需要听者以语音辨认为前提，而且需要积极发挥自己的交际能力和文化能力。进行辨认能力训练，教师可以采用乱序训练法。将一个完整的听力材料打乱顺序，要求学生进行重新排列，并指出每一部分所对应的辨认方面。

转换。听力理解中的转换指的是将所听材料中的内容转换为图表的能力。这种转换不仅需要听者辨别听力材料中的短句与句型，而且需要分析已知信息并进行适当转换，是对听者能力的考验，也是听力理解的第二个层次。

重组与再现。听力理解的第三个层次是重组与再现，这需要教师对学生的口、笔能力进行提高。

社会含义。听力活动属于交际活动的范畴，在语言上有着礼貌、得体的特征。因此，在进行听力理解时需要听者仔细把握原文，对其社会含义进行准确理解。听力语言形式十分丰富，会涉及不同的话题，教师要训练学生根据不同语境进行描述的能力，同时在描述过程中还需要学生理解语言背后的深层内涵，从而促进听力活动的进行。

评价与应用。对听力语言进行重组、评价、应用是听力理解的最后层次，也是难度最大的内容。听力理解带有目的性、交际性，需要听者明确交际意图，并进行语言回应与沟通。此外，为了提高学生的评价与应用能力，教师可以在教学中增加听力讨论与交际的练习。

（4）语感

所谓语感，指的是对语言的感悟能力，这种感悟带有直接性，但是可以通过不断锻炼来提高。在听力活动中，即使缺乏一定的语境条件和必要信息，良好的语感也能够帮助听者进行语言行为的预测与判断，从而促进听力活动的进行。

2.英语听力教学的目标

有学者曾将英语听力教学目标的特点概括为以下几点。

（1）作为其他活动的跳板。

（2）作为听力训练的方式。

（3）作为听力检测的方式。

（4）作为获取信息的方式。

（5）作为娱乐的方式。

（6）作为技巧训练的方式。

在具体的教学实践中，我们应根据不同的教育阶段来制订相应的英语听力教学目标。下面介绍大学英语听力教学的目标。《大学英语课程教学要求》是为深化英语教学改革，提高英语教学质量而制订的，是各高等学校组织非英语专业本科生英语教学的主要依据，其对大学英语听力教学的目标进行了三个层次的划分，如下所述。

一般要求：

（1）能听懂英语授课。

（2）能听懂日常英语谈话和一般性题材的讲座。

（3）能听懂语速较慢（每分钟130~150词）的英语广播和电视节目，能掌握其中心大意，抓住要点。

（4）能运用基本的听力技巧。

较高要求：

（1）能听懂英语谈话和讲座。

（2）能基本听懂题材熟悉、篇幅较长的英语广播和电视节目，语速为每分钟150~180词，能掌握其中心大意，抓住要点和相关细节。

（3）能基本听懂用英语讲授的专业课程。

更高要求：

（1）能基本听懂英语国家的广播电视节目，掌握其中心大意，抓住要点。

（2）能听懂英语国家人士正常语速的谈话。

（3）能听懂用英语讲授的专业课程和英语讲座。

可见，促进听力理解和技能运用能力的提高是大学英语听力教学活动开展的目标。因此，大学英语听力教学应该以技能训练和信息获取为目的。换句话说，教师在具体的英语听力教学中不仅要训练学生的听力能力，而且要帮助学生掌握听力材料中的知识点。

（二）英语听力教学的原则

1.渐进性原则

在课堂上，口语交流是提高学生自身听力能力的重要途径。但是，在我国的英语教学中，英语课堂大多用汉语进行授课，即使在大学阶段，也很少有教师进行全英语授课，学生进行听力训练的机会明显不足。所以，教师在听力课堂中应依据由慢到快、由易到难、由简到繁的原则，坚持用英语组织课堂教学、讲解课文，并鼓励学生大胆讲英语，引导学生在持续的练习中不断提高听力理解能力。

2.情景性原则

一般来说，学生在进行语言学习的过程中通常需要与周围环境进行有效的互动。学生也只有在自然、舒适的环境下，才能同环境产生相应的互动，并获得真实的语言体验。近些年来，一部分英语教师抱怨说他们已经竭尽全力去鼓励学生参与课堂了，但是学生的听力学习兴趣依然很难被充分调动。事实上，良好的课堂氛围是需要教师和学生双方共同营建的。而只有在舒适、自然的课堂氛围中，才能更好地创建一种与学生所学母语接近的自然的语言习得环境。

3.综合性原则

教师应该给学生在每次进行听力练习之前明确目标，这样学生会在心理上有所准备，而且学生还可以根据不同的听力目标选择不同的听力技巧。单一的听力训练很容易造成课堂气氛的沉闷，使学生失去听的兴趣。因此，要想提高学生的英语听力水平，就必须要重视听力与其他三项技能之间的关系，把输入技能训练与输出技能训练有机地结合起来，以提高学生的综合英语水平。具体来说，听力教学可以采取以听为主、听说结合、听读结合、听写结合和视听结合的方式对学生进行综合的听力训练。这样不仅可以丰富听力活动，而且可以活跃课堂气氛，培养学生的自主参与和自主学习意识。多种方式结合的教学形式不仅为学生创造了真实的语言环境，而且在一定程度上减轻了学生的心理负担。

4.分析与综合相结合原则

在听力教学中遵循分析与综合相结合原则，就是要将分析性的听与综合性的听结合起来，下面对此进行具体分析。

（1）分析性的听

分析性的听主要包含两层含义：在听的过程中进行语言分析；把听的材料进行分解，让学生分步听。简单来说，就是分析性的听比较注重听的细节，小到一些词语、词组、句子、句组，大到一些段落、文章，听的时候可以增加表演、动作、填图或者一些其他任务等。因此，学生在听的过程中要逐字逐句地分析，尤其是要记住文章中涉及的一些时间、地点、数字等。

（2）综合性的听

综合性的听是指对听力材料进行整体性的理解，主要适用于解决听力材料中的主旨大意以及对整体思想的分析问题。因此，综合听的时候教师如果想让学生保持听的积极性，可以先降低听力材料的难度，然后再逐步提升。分析性听着重于细节，而综合性听着重于深层含义，分析性听是综合性听的基础。在听力训练中，由于大多数听力题会涉及文章大意以及细节，需要将二者有机结合起来。

二、大学英语口语教学

(一) 英语口语教学的内容与目标

1.英语口语教学的内容

培养、提高学生的英语口语表达能力与交际技能是英语口语教学的宗旨，因此，语音训练、词汇和语法、会话技巧、交际策略等是英语口语教学的主要内容。

（1）语音训练

英语口语训练应以英语语音为前提，帮助学生掌握正确语音、语调是语音训练的首要目标，具体涉及意群、停顿、弱读、重读、连读、音节等。如果没有掌握规范的发音，不仅难以表达自己的观点，而且会给听者带来理解障碍。

（2）词汇和语法

在口语表达过程中，词汇与语法发挥着不可替代的作用。具体来说，如果没有必要的词汇储备，很多思想、观点就无法准确表达出来；如果没有基本的语法知识，句子内部的逻辑关系就容易出现混乱，交际也就难以顺利进行。所以，词汇与语法也是大学英语口语教学不可或缺的内容。

（3）会话技巧

培养和提高学生的口语表达能力，能使他们对一些会话技巧进行熟练运用，从而使交际得以顺利进行是口语教学的根本目标。因此，会话技巧也是口语教学的重要组成部分。

（4）交际策略

所谓交际策略，是指“当某语言使用者在话语计划阶段由于自身语言方面的不足而无法表达其想要表达思想时所采取的策略”。在交际过程中，为克服因语言能力不足而导致交际困难，交际者使用语言或非语言手段的能力即为交际策略能力。交际策略也是口语教学的重要内容。

口语交际活动往往不可预测，交际过程中遇到尴尬局面是难免的，这就要求交际者具备一定的交际策略能力，以便在需要时借助交际策略解决遇到的困难，促使交际顺利进行。策略能力包括两个方面：一是发生困难时使对方理解自己讲话内容的能力，这一能力被称为“补偿能力”；二是在发生理解困难时获取意义的能力，这一能力被称为“协商能力”。在英语口语教学过程中，教师应注意向学生介绍一些英语国家人们的交际策略，使学生了解英语语言规则和交际规则，提高英语口语交际能力，在交际过程中更好地让自己的讲话内容被对方所理解，并更好地理解对方的语言，提高和改善跨文化交际效果。①

2.英语口语教学的目标

英语口语能力的培养呈现阶段性的发展特点。针对处于不同口语能力阶段的学生，口语教学目标也会有所不同。在《大学英语课程教学要求》中，口语教

①李春兰.跨文化交际理论应用于高校英语教学的实践研究[M].徐州：中国矿业大学出版社，2018.

学目标划分为以下三个层次。

一般要求：

（1）能在学习过程中用英语交流，并能就某一主题进行讨论。

（2）能就日常话题用英语进行交谈。

（3）能经准备后就所熟悉话题做简短发言，表达比较清楚，语音、语调基本正确。

（4）能在交谈中使用基本的会话策略。

较高要求：

（1）能用英语就一般性话题进行比较流利的会话。

（2）能基本表达个人意见、情感、观点等。

（3）能基本陈述事实、理由和描述事件，表达清楚，语音、语调基本正确。

更高要求：

（1）能较为流利、准确地就一般或专业性话题进行对话或讨论。

（2）能用简练的语言概括篇幅较长、有一定语言难度的文本或讲话。

（3）能在国际会议和专业交流中宣读论文并参加讨论。

由以上目标层次可知，随着英语学习的深入，口语教学目标的难度和深度不断加大，教师在口语教学中应该根据学生的具体情况、教学计划的安排等设定口语的教学目标。尽管对不同层次的学生口语教学目标有所不同，但有一个目标是不会变的——既要求准确，又要求流畅和得体。就口语教学目标而言，得体是最为重要的，而得体本身就包括准确。

（二）英语口语教学的原则

为更好地实现让学生对英语进行熟练、准确应用的目标，英语口语教学应坚持相应的教学原则，主要包括下面几项。

1.鼓励性原则

一般来说，学生的口语表达不仅受语言因素的影响，而且经常受到一些非语言因素的影响，如心理因素、文化因素、生理因素、情感因素、角色关系因素等，使很多学生在口语练习中不愿意开口。学生不愿意开口说英语的原因可以总结为以下五个方面：

（1）学生怕说错而担心其他同学耻笑不愿意说。

（2）学生认为自己的语言水平低，因此不愿意说。

（3）教师提出的问题难度过大，学生本身就不理解。

（4）话轮分配不均匀。

（5）教师提问时对沉默难以容忍，学生不愿意回答的结果无非是两种，一是教师自问自答，二是由成绩好的学生开头说。

因此，为使学生更加积极地参与到口语练习中，教师应为学生设计一些有意义的活动，并营造出一个较为安全的学习环境。在有关学者看来，鼓励学生并使他们大胆说英语是口语教学中一项很重要的原则，因此，教师应为学生创设更多有意义的语境。在这样的语境下，学生不会担心受到嘲笑，才能更好地进行口语练习。针对一些口语基础较差的学生，教师可考虑采取“脚架式”教学等方法，使教学策略与学生的状况相一致。

2.生活化原则

教师在为学生设计口语任务时，应遵循生活化原则，使其尽量与学生的日常生活、学习相贴近，以此更好地调动学生的积极性，使他们对话题不陌生、有兴趣，进而乐于开口、勇于开口。具体来说，教师可从以下几方面入手：

（1）应努力提高话题、主题的趣味性。

（2）应对学生的愿望与实际需求进行深度挖掘。

（3）应将教学内容与学生感兴趣的话题有机结合在一起。

3.互动性原则

机械练习在口语教学中极易使学生感到枯燥乏味，打击学生的兴趣与信心。因此，口语教学还应坚持互动性原则，使口语训练充满互动性，使学生能够在互动练习中不断提高口语表达技能。根据互动性原则的要求，教师为学生设计的话题应能够使学生展开互动性的练习活动。换句话说，“动”是互动性原则的核心。

如果教师采取传统的口语教学模式，在课堂上仍以“提问—回答”为主要方法，则学生对口语表达的参与是被动的，这会影响学生口语能力的提升。因此，教师可采取多种方法，如角色扮演、对话练习、小组讨论等，使学生之间进行有效的互动练习，从而打破呆板的课堂气氛，为学生营造一种愉快、轻松的学习环境，使他们思维始终处于活跃状态，进而全面提高他们的口语表达能力。

4.渐进性原则

口语能力的提升常常需要一个日积月累的过程，因此，口语教学应层层深入、由易到难、循序渐进地展开。例如，我国大学的学生通常来自全国各地，很多学生的英语口语表达都会或多或少受到方言的影响。面对这样的情况，教师应分析学生的语音特点与发音困难，进而为学生纠正发音提出建议与指导，使学生按照由易到难的顺序，从语音、语调、句子、语段等层面逐渐提高，主动、积极地说出发音规范的英语。需要注意的是，教学目标的设计要科学合理，过高的目标会给学生带来过多的心理压力，过低的目标难以调动学生的积极性与兴趣，因此，教学目标既不能过高也不能过低。

5.先听后说原则

听与说是一个问题的两个方面，二者之间存在相辅相成的关系。具体来说，说以听为前提。在具体的口语交际过程中，只有首先听懂对方的话语，才能据此进行回应，使交际顺利进行下去。在口语教学过程中，学生通常先通过听进行词汇量与语言信息的积累。当这种积累达到一定程度之后，学生的表达欲望也逐渐被调动起来，他们就会尝试着进行口语表达，进而实现真正意义上的口语交际。如果没有听的积累，就不会有说的能力。可见，在口语教学中应坚持先听后说原则，从而使学生在听的基础上积累，通过听不断提升说的技能。

6.内外兼顾原则

根据内外兼顾的原则，口语教学应在注重课堂教学活动的同时，对课外活动给予充分重视。这是因为口语教学应以课堂教学为主，但课外活动是课堂教学的延伸与补充，二者之间是相互配合、相互促进的关系。以课堂教学为基础来组织相应的课外活动，既可带领学生对课堂知识进行及时的复习与巩固，还可使他们充分利用课外活动的机会对知识予以运用，加快从知识到技能的转化过程。

同时，课外活动没有课堂环境中的正式气氛，学生能以一种轻松、愉悦的心情参加口语练习，教师也能更加及时地对学生进行指导，有助于学生在不同场合下进行流利、正确、恰当的口语表达。在完成课后作业的过程中，教师可对学生进行分组，使他们以组为单位完成任务，相互之间可围绕任务进行讨论，这样既有利于不断提高学生的口语能力，也能培养他们的沟通能力、理解能力以及团队合作能力。

三、大学英语阅读教学

阅读是学生基于语言、思维和切身的文化知识积累对文本信息的理解，阅读的最终目的是进行跨文化交际，所以阅读中经常会涉及文化方面的问题。因此，高校英语教师应充分考虑文化因素，在跨文化交际理论下开展阅读教学。

（一）英语阅读教学的内容与目标

1.英语阅读教学的内容

培养、提高学生的各种阅读技能是英语阅读教学的主要内容，具体涉及以下一些技能：

（1）能够辨认单词。

（2）能够猜测陌生词汇、短语的含义。

（3）具备跳读技巧。

（4）能够理解句子内部与句子之间的关系。

（5）对文章的主要信息或观点能进行准确梳理与把握。

（6）对句子及言语的交际意义进行理解。

（7）能对文章的主要信息进行总结概括。

（8）对语篇的指示词语进行辨认。

（9）能对文中的信息进行图表化理解与处理。

（10）能够理解衔接词进而理解文字各部分之间的意义关系。

（11）能够把握细节与主题。

（12）具备基本的推理技巧。

2.英语阅读教学的目标

英语阅读教学是指导学生阅读英文文章的活动，其主要目的是丰富学生的阅读知识，提高学生的阅读能力。

《大学英语课程教学要求》针对大学英语阅读教学的目标给出了具体的要求，具体包含以下三个要求。

一般要求：

（1）能读懂一般性题材的英文文章，阅读速度达到每分钟70词。

（2）能借助词典阅读英语教材和题材熟悉的英文报刊文章。

（3）能读懂生活和工作中常见的应用文体的材料。

（4）能使用有效的阅读方法。

较高要求：

（1）能够读懂英语国家大众性报纸杂志上一般性题材的文章。

（2）能阅读所学专业的综述性文献，并能正确理解中心大意。

（3）在快速阅读篇幅较长、难度适中的材料时，阅读速度能达到每分钟120词。

更高要求：

（1）能读懂有一定难度的文章，理解其主旨大意及细节。

（2）能阅读国外英语报纸杂志上的文章。

（3）能比较顺利地阅读所学专业的英语文献和资料。

（二）英语阅读教学的原则

阅读这一认知过程本身具有复杂性的特点，跨文化视角下的大学英语的阅读教学更是一个复杂的过程。英语阅读教学的开展应遵循相应的教学原则。

1.循序渐进原则

很多人认为，阅读能力是非常容易培养的，其实不然，阅读能力是一项非常复杂的技能。阅读能力的提高需要学生培养自己的词汇量、语法知识、句法知识、文化知识等，因此不是一蹴而就的。这就要求在大学英语阅读教学中，教师应坚持循序渐进的原则。

坚持循序渐进的原则，教师首先需要进行一个合理并且长远的规划。在阅读教材的选择、方法的确定、内容的明确、结果的反馈等层面都要进行规划，一步步层层展开，帮助学生不断培养自身的阅读技巧，提升自身的阅读水平。

2.因材施教原则

学生的个性存在着明显的差异，在英语阅读教学中，教师应该从学生的个体差异性出发，制订符合不同学生的教学内容和计划，以满足不同学生的需求，使得每一个学生的阅读水平都能得到长足的发展。也就是说，对于阅读水平和阅读理解能力较低的学生，教师应该给予一些相对简单的阅读材料，然后在提升了一定水平之后逐渐增加难度，这样有助于帮助他们提升学习阅读的兴趣和积极性。对于阅读水平和阅读理解能力较高的学生，教师应该布置一些难度较高的阅读材料，使他们觉得富有挑战性，从而满足这些层次学生的需要。

总体来说，教师应该对不同学生的基本情况与个性有基本的了解和把握，在阅读教学中选择恰当的内容和手段开展教学，做到因材施教。

3.真实性原则

阅读教学要遵循真实性原则。概括来说，阅读教学的真实性包括以下两方面含义：

（1）阅读材料的真实性。阅读材料的真实性是指教师所选择的阅读材料最好是和学生的日常生活相关的，最好是学生喜闻乐见的材料。另外，材料所使用的语言应符合学生的语言水平。不同的阅读材料既可以用来专门训练学生的某一项或某几项阅读技能，也可以用来训练学生的综合阅读技能。

（2）阅读目的的真实性。阅读目的的真实性是指教师应根据教学目的设计阅读教学活动，选择合适的教学方法，设计有针对性的练习。人们阅读可能是为了获取信息或者验证自己已有的知识，可能是为了批评作者的思想或者写作的风格，也可能单纯为了消遣。不同的阅读目的就需要不同的阅读教学方法和练习设计。不同的阅读材料可以用来专门训练学生的某一项或几项阅读技能，也可以用来训练学生的综合阅读能力。教师必须通过差异化的教学方法和练习帮助学生完成各自的阅读目标。

总体来说，真实性原则要求教师应根据实际情况，通过差异化的教学方法和练习，帮助学生完成各自的阅读目标，从而提升教学效果。

四、大学英语写作教学

写作是英语语言的一项重要技能，它是人们交际的重要方式，是一种跨文化交际活动，更是大学英语教学的重要内容。中外历史背景差异、思维模式差异等都对教师的写作教学以及学生写作学习有着显著的影响，因此，在英语写作教学中，教师应考虑文化因素所带来的影响。

（一）英语写作教学的内容与目标

1.英语写作教学的内容

在英语写作中，具备了结构完整、内容充实、语言流畅、和谐连贯、语句简洁等特点的文章才能算得上是一篇好的文章。写作的优劣取决于内容、结构和风格技巧的运用。因此，在英语写作教学中结构、句式、选词、拼写和标点符号等是重点教授内容。

（1）结构

谋篇布局是写作的基础，只有了解了不同体裁和题材文章的谋篇布局，才能根据写作目的选择适当的扩展模式，谋篇布局就成了英语写作教学的重要内容。从篇章结构上看，写作的结构一般是引段——支撑段——结论段。而从段落的结构上看，结构一般是主题句—扩展句—结论句。不同题材、体裁的文章，也有着不同的布局方式。

一篇文章不仅要有合理的谋篇布局，而且要具备完整统一性。文章的完整统一指的是所有的细节都服务于主题，如事实、原因、例子等细节都围绕主题陈述和展开，所有的信息都要与主题相关，与内容切题。所有偏离主题的句子都要删除，同时保持文章段落的完整性。

在英语的写作中，段落中句子顺序及思路的安排必须具有逻辑性，句与句之间紧密相连，内容之间衔接流畅，段与段之间环环相扣，使整篇文章连贯统一。其中，使用恰当的连接词可以保证句子严谨、段落紧密和行文流畅。此外，过渡词语可以起到增强文章连贯性的作用，所以在写作的过程中也可以恰当地运用过渡词语。①

（2）句式

英语句式复杂多样，按复杂程度划分有简单句、复杂句、并列句等，按语法顺序划分有正常句、倒装句等，按句子长短划分有短句、长句等，并且每一种句式的变形又是多种多样的。掌握不同句式的多种表达方式对于丰富文章的内容、增加文章的文采、提高写作的水平具有重要意义。因此，句式也是英语写作教学中的重要内容。

（3）选词

词语的选择对于写作来说也是十分重要的，它是作者与读者有效交流的通道。选词与个人的爱好有关，体现着个人的风格，因此，选词要考虑语域的因素，如褒义词与贬义词的选择、形象词的选择、概括词与具体词的选择、正式用词与非正式用词的选择等。另外，角色的因素以及读者的因素也要充分考虑进去。

①李春兰. 跨文化交际理论应用于高校英语教学的实践研究[M]. 徐州：中国矿业大学出版社，2018.

（4）拼写和标点符号

拼写和标点符号均属于基础知识，但是拼写是否准确、标点运用是否正确却会对写作造成重大影响。在设计写作教学方式和内容时，应将拼写和标点符号因素考虑进去，以提高学生拼写和运用标点符号的能力。

2.英语写作教学的目标

英语写作教学的主要目的是培养学生运用书面英语输出信息、表达思想的能力。《大学英语课程教学要求》对大学英语写作教学目标提出了相应的要求，具体如下。

一般要求：

（1）能完成一般性写作任务。

（2）能描述个人经历、观感、情感和发生的事件等。

（3）能写常见的应用文。

（4）能在30分钟内就一般性话题或提纲写出不少于120词的短文，内容基本完整，中心思想明确，用词恰当，语意连贯。

（5）能掌握基本的写作技能。

较高要求：

（1）能基本上就一般性主题表达个人观点。

（2）能写所学专业论文的英文摘要。

（3）能写所学专业的英语小论文。

（4）能描述各种图表。

（5）能在30分钟内写出不少于160词的短文，内容完整，观点明确，条理清晰，语句通顺。

更高要求：

（1）能用英语撰写所学专业的简短报告和论文。

（2）能以书面形式比较自如地表达个人的观点。

（3）能在30分钟内完成不少于200词的说明文或议论文，思想表达清楚，内容丰富，文章结构清晰，逻辑性强。

（二）英语写作教学的原则

要想使大学英语写作教学更加有效，就需要遵循一定的教学原则。具体而言，可采用以下几项教学原则实施写作教学。

1.文化与语言相结合原则

文化对于英语写作是十分重要的，因此必须将文化教学与语言教学结合在一起，即两者同步进行，并采取对比、适用、适度、适量、由易到难、逐步渗透等原则在大学英语写作教学中导入文化知识，以丰富学生的文化知识，巩固学生的语言知识，增强学生的积极性，使学生语言、文化两方面受益。但是要注意，文化导入是对英语写作教学的补充和延伸，不是写作教学的全部，英语写作教学的真正内核仍是语言，文化导入是为语言教学服务的。

2.以学生为主体原则

在英语写作教学中，教师要遵循以学生为主体的原则，即明确学生的主体地位，尊重学生的主体性，围绕学生展开教学。只有激发了学生的兴趣，提高了学生的主动性，才能使学生成为学习的主体。使学生成为学习主体的方式有很多种，其中小组讨论就是提高学生主动性的一种有效方式。另外，教师是否组织、如何组织学生进行小组讨论以及如何对学生的作文做出反馈是过程教学法能否成功的关键。总体而言，就是要学生参与其中，发挥学习的自主性，使学生在积极的参与过程中提高写作能力。

3.真实性原则

英语写作教学的目的不是让学生为了写作而写作，更不是让学生应付考试，而是让学生能够运用写作进行交际。对此，英语写作教学就应遵循真实性原则，即联系学生的实际生活，让学生在写作过程中有话想说，而且言之有物、言之有理。如果写作缺乏真实性，将不能激发学生的写作兴趣，对此，教师可将写作与学生的实际需求联系在一起，这样不仅能激发学生的积极性，而且能令学生感受到写作的实用性。例如，教师可让学生用英文写求职信、个人简历等，这些实用性文体的写作可将写作与学生的现实生活联系在一起，更能激发学生写作的积极性，也能提高学生的学习效率。

4.交际性原则

写作的主要目的是交际，因此，英语写作教学应遵循交际性原则。交际性原则要求写作教学活动满足学生的即时需求，以提高学生的实际交际能力；写作活动必须给学生交际的机会，并且使学生从写作交际中获得乐趣；在写前活动和修改活动中尽可能采用小组活动和同伴活动，增加学生之间的交流，通过小组讨论等交流活动获得大量素材，从而为文章增添内容，锻炼学生的思维。在英语写作教学中，遵循交际性原则可有效提高学生的交际能力。

第二节 大学英语教学现状

近十年来，我国大学英语教学改革的脚步从未停息，教学理念和教学方法推陈出新。为了改变传统的以讲授法为主的单一的课堂教学模式，我国学者将各种新的教学方法融入课堂教学，如交际语言教学法、任务型语言教学法、项目教学法、情景教学法、问题教学法等，同时也打造了微课、翻转课堂、线上线下混合式等课堂教学新模式，大力推动了大学英语教学改革进程。但同时，大学英语教学的发展也面临前所未有的挑战：随着社会对外语人才的要求越来越高，大学英语教学质量受到质疑，认为外语教学“费时低效”，缩减大学英语课程学分的呼声不断。目前，大多数院校英语教学主要存在如下问题：

第一，就教学内容而言，课堂教学主要以讲授课文为主，忽视语言的使用。教师力图面面俱到，将重点放在词汇、语法、难句的讲解以及文章结构和作者写作意图的分析上，但是教师的“教”并不等于学生的“学”，学生的学习效果无法得知。在课时有限的情况下，这种做法最大弊端是过分强调语言陈述性知识的传授，而忽视了语言的使用，缺乏将陈述性知识转化为程序性知识的环节，不能培养学生的产出能力和交际能力。因此，教师以讲代练，缺乏充足的课时去锻炼和提升学生的语言运用和实践能力，无法充分发挥学生学习主观能动性和启发学生去探究思考，导致学生“学用分离”的问题比较突出。

第二，盲目遵从“以学生为中心”的教学理念，忽视了教师的作用。随着“以学生为中心、以学习为中心”教学理念的盛行，部分教师将课堂的自主权完全交给学生，认为学生是课堂的主导者，需要充分发挥学生学习的主观能动性，教师的引导作用没有得到发挥。这种“放羊式”的教学虽然重视学生已有知识和经验，尊重学生在获取知识过程中的自主性，但忽视了学生作为学习者，知识体系不够全面，以及教师作为知识体系更完备、经验更丰富的“专家”的引领作用，容易导致无效学习，浪费课堂时间。因此，在强调“以学生为中心”教学理念的同时，做到以学生为主体，以教师为主导。学生的“学”在活动中起主体作用，教师的“教”在活动中起主导作用，只有将两者有机地结合起来，最大限度地发挥他们的能动性和创造性，才能达到最佳的教学效果。

第三，“学用分离”的问题仍然比较突出，主要有以下三种情况：一是课堂教学重输入、轻输出，教师更重视英语语言知识（语音、词汇、语法、语篇等语言知识）被动输入，忽视了语言输出的重要性，因而学生无法产生语言的有效输出；二是课堂教学重输出、轻输入，过度以学生的产出能力为主，忽视了有效性输入的重要性，没有提供有效的“脚手架”，导致学生毫无头绪，产出任务完成的质量堪忧；三是布置的输出任务缺乏挑战性，部分教师有意识到培养学生输出能力的重要性，但是产出任务大多以语法题、填空题居多，缺乏一定的高阶性和挑战性，导致无法全面、有效检测学生对知识的掌握情况。

“产出导向法”是针对我国成人外语学习的教学理论，其前身是“输出驱动假设”和“输出驱动—输入促成假设”。作为“本土化”的外语教学理论，产出导向法汲取了二语习得理论的研究成果，以“输出假说”和语言学习的社会文化视角为理论基础，提倡“学用一体”的教学理念，将产出活动作为驱动手段和教学目标，将输入活动作为促成手段。就教学目标而言，它既以输出为起点，驱动学生的学习热情，又以输出为目标学以致用；就教学方法而言，它强调产出活动在语言学习中的作用，并将输出与输入对接，为提高大学英语课堂教学的效率提出了新的教学思路。近几年，已经有一些教师将“产出导向法”教学理论应用于课堂教学中，并取得了显著的教学成效。例如，有关学者尝试将产出导向法应用于大学英语课堂教学实践和大学英语写作的实验研究中，探索和完善产出导向法的课堂设计；有的学者在产出导向法的基础上，以认知介入为媒介，探索商务词汇教学模式；有的学者对“产出导向法”指导下的《新一代大学英语》编写过程进行分析,提出“教学理论—行动研究双轮驱动”教材编写模式；有的学者基于大学英语课堂实践，利用产出导向法对学生思维能力的培养效果进行了实证研究。

综上所述，“产出导向法”是在我们大学英语教学改革的形势下应运而生，是立足于我们大学英语教学的学情而创立的一套理论体系，更适合我国本土的教学需求。但是如何将“产出导向法”这一教学理论应用于课堂教学实践中，将理论转化成具体的、操作性强的教学步骤，充分发挥该理论体系的创新性，这也是本书探讨的重点之一。接下来，本章节将重点探索产出导向法在大学英语教学听、说、读、写课程中的实际应用，通过实践尝试以及实际教学案例的阐述，将产出导向法这一理论体系在课堂实践中生根发芽，长成“参天大树”。

第三节 “产出导向法”在大学英语听力教学中的应用

传统的听力教学以听为主，教师布置学生完成大量的输入性听力训练，目的为听懂语言材料，完成相应的听力习题。具体说来，在导入环节，教师通过展示与单元话题相关的图片、视频等方式，激发学生的学习兴趣，或者通过头脑风暴、小组讨论等活动来激活学生已有的背景知识。接着，教师播放听力练习的音频，要求学生完成课本上的习题。然后，教师提问学生，核对习题的答案，并根据学生答题情况，讲解重要的听力技巧、句型结构和背景知识。一堂听力课下来，在学生听—教师讲解之间循环往复，学生完全处于被动状态，容易注意力下降，产生听力疲惫。这样一来,听与说被割裂，输入性学习和产出性运用得不到有机结合，学生虽然锻炼了听力能力，也积累了一定的知识，但是产出能力得不到有效提高，造成不少学生听力尚可但开口困难的现象。

笔者认为英语专业听力教学应打破听说的时间界限,形成“以听为主、以说为辅，视听促说”的教学新模式，以“说”作为驱动激发产出欲望，以“视”和“听”促成产出，以评价促进更深入的针对性学习。教师先要让学生意识到自身语言的不足，感受到压力，从而激发学习动力。笔者从2018年开始教授《商务英语视听说（二）》这门课程，将产出导向法融入课堂教学中，进行了3轮的课堂教学实践，通过精心选听力择材料，精心的教学设计，有效提高学生的听说产出能力。接下来，本节内容以《新视野商务英语视听说教程1》中的第八单元为例，以“产出导向法”为理论依据，详细阐述听力课程的教学设计原则和实施步骤，探讨“产出导向法”在听力课堂中的有效性。

一、课程介绍

《商务英语视听说》课程面向商务英语专业一年级学生开设，开课时间为第二学期，课程总学时为32学时，每周2学时，每单元计划学时为6学时（线上2学时+线下4学时）。课程总体目标如下：

(一) 知识目标

学生通过接触真实商务情景语言材料，积累相关的英语语音知识和商务知识，系统掌握商务英语的基本词汇和句型结构，熟悉商务交际的礼仪知识。

（二）能力目标

学生通过系统的视、听、说技能训练，提高语音感知、词汇识别、语义理解等基础技能以及采用策略实现听力目标的能力；能熟练运用所学的句型结构和商务礼仪，运用英语进行商务交际和跨文化交际；掌握一定的分析和推理能力，树立积极进取的学习态度，培养独立思考和小组合作探究学习能力。

（三）素质目标

通过英语国家商务礼仪文化的介绍和情境模拟，引导学生辩证性对比中西商务礼仪文化的不同，从而能采用合适的方式从事跨文化商务交际。

二、单元教学目标

单元教学选取的是外语教学与研究出版社出版的《新视野商务英语视听说（上）》（第四版）Unit 8，单元主题主要围绕“Receiving Visitors”展开。单元内容包含四个部分：warm-up，language focus，listening practice 以及business culture。本单元采用线上和线下混合教学的形式，共计6课时完成单元教学，其中线上教学2课时，线下教学4课时。单元教学目标包括：

（一）知识目标

1. 掌握并运用与接待客户相关的词汇与句型结构。

2. 掌握并运用与接待客户相关的商务礼仪，并在单元产出任务中学以致用。

（二）能力目标

1.训练听说能力，通过听力的输入性训练，能够将所学的语言知识和句子表达灵活应用于口语交际中。

2.提高跨文化交际能力，学会在商务场合中以正确、合理的方式接待客户。

（三）育人目标

1.通过对比中英商务接待礼仪的不同，理性、辩证分析和理解文化差异，学会尊重各国的文化。

2. 增强跨文化交际意识，能够在商务场合中，充分考虑客户的文化差异性，避免文化冲突。

三、单元教学组织流程

Session 1: 线下教学（2课时）

教学步骤	设计理念与思路
课前： 布置学生观看学习慕课视频—Business Reception Etiquette，要求学生记录商务接待礼仪的注意事项。 **课中：** 组织学生以小组为单位，分享商务接待中应注意的礼仪事项； 播放两个有关商务接待的真实场景视频，分别包含商务接待礼仪的正确和不正确示范，要求学生分组对比分析、评价两个视频中接待人员所使用商务礼仪是否合理，并给出合理的解释。 创设交际情境，布置产出任务1： Suppose you are the Export Manager of Guangzhou Cosmetics Ltd. and are now at Baiyun Airport to meet your Canadian customer, Mr. Wilson. You've been dealing with each other through correspondence for one or two years, but have never met before. Make a small talk with Mr. Wilson at the airport. 产出任务要求学生以2~3人为一组，分别扮演公司接待人员与客户，根据预设的语境，以机场接机为背景，拍摄短视频并提交到超星学习通中。	通过课前视频材料的学习，学生初步了解商务接待礼仪的基本知识。 通过小组分享和分组讨论进一步引导学生思考商务礼仪的实际应用，增强商务交际意识。 以产出导向法的教学理念为指导，实施教学的“驱动”环节，通过呈现交际情境，布置学生完成产出任务1：模拟在机场接待外国客户的情景，并拍摄视频进行线上提交。学生在尝试完成该产出任务的过程中会遇到难题，如该说什么，怎么说，从而产生“饥饿感”，进而产生一种学习的压力和动力。

Session 2：线下教学（2课时）

教学步骤	设计理念与思路
课前： 1.以微课形式介绍客户接待的单词和句子表达，要求学生能熟练掌握单词和句子的发音。 2.教师对学生提交的视频作业进行初评后，选取其中的典型作业作为课堂教学分析的语料之一。 **课中：** 1.教师说明教学目标和产出任务，展示学生视频作业基本情况并作总结和评价。 2.教师播放听力音频、视频，带领学生完成单元的听力练习，并在讲解的过程中，重点强调听力原文中的重点句型结构以及合理的商务礼仪。 3.在分析和评价的基础上布置学生以小组为单位对第一次完成视频作业进行改进，进行二次提交。 **课后：** 学生分组再次录制短视频在超星学习通进行二次提交，教师设计口语评价表，为二次评价做好准备。	1.完成产出任务1的促成阶段。通过对听力输入性练习的语言结构和商务接待礼仪进行分析，为学生的产出任务提供充分有力“脚手架”，再结合学生视频作业中的典型例子进行点评和讲解，让学生充分理解和领会如何在商务场合中如何接待客户，并尝试在交际中进行运用。 2.完成产出任务1的第一次评价，主要以教师评价为主。 3.让学生在分组尝试完成产出任务1的过程中意识到“困难”所在，在教师讲解分析听力范文的过程中，才能对症下药。

Session 3: 线下教学（2课时）

教学步骤	设计理念与思路
课前： 教师发放口语作业评价表，基于评价表向学生解释评价标准，对学生进行分组，布置小组评价任务，为师生合作评价做好准备。 **课中：** 1.小组自评：学生对二次提交的视频作业进行自评，自评的重点在于：通过学习听力材料后，与第一次提交的口语作业相比，第二次提交的视频在哪些方面做出了改进？每小组选出一名代表，进行口头总结阐述。 2.小组互评：学生基于评价表对每小组二次提交的视频作业开展小组合作互评，针对每个小组的视频作业做出细节性的评价。 3.教师评价：教师做出总结评价。 4.教师布置产出任务2： A client comes to visit Mr. Emory, but the latter is not in at the time. As the secretary of Mr. Emory, you tell the client to wait for Mr. Emory for a moment. 学生2人为一组，拍摄短视频上传到超星学习通中。 **课后：** 1.教师汇总每小组二次提交的视频作业成绩：小组自评（30%）+小组互评（30%）+教师评价（40%）。 2.教师批改学生的产出任务2，在线上平台给出评价，并选出优秀习作进行展示。	1. 完成产出任务1的评价环节，采用小组自评、小组互评和教师评价相结合的评价方法，重点关注学生两次提交的视频作业之间差距，考察是否通过学习促成阶段掌握了商务接待技巧，并能将之灵活、流畅地用于商务交际活动中。 2. 通过小组合作评价，促进学生合作学习能力的发展。 3. 学生在对作业修改和评价的过程中，对商务接待的句子表达以及礼仪知识得到进一步深化。 4. 在教师的专业引领下，学生边评边学、边学边评，打破“学”与“评”的界限，将评价作为学习的强化、深入阶段。师生合作评价促使学生更加积极活跃地参与到学习活动中来，交流讨论培养思考和评判能力，通过独立对评价材料提出修改方案提升产品加工深度。

四、单元教学评价

本单元教学评价遵循以学生学习为中心的教学理念，力求构建形式多样化、主体多元化、过程透明化的立体评价体系，以便及时获得学生的学习反馈，修正教学，提升产出效果。本单元的教学过程中中主要有三种评价方式：

1.课堂的听力练习评价采用即时评价的方式，根据学生练习的完成度和正确率，教师给予即时反馈，了解学生对于听力材料的理解程度，也能给学生提供提高听力技巧的建议。

2.对产出任务1的初次评价采用延时评价的形式，评价主体为教师。教师在学习通中批改学生小组提交的口语视频，并给与修改建议。

3.第二次提交的视频作业评价则采用“师生合作评价”的评价方式，即学生小组自评+小组互评+教师评价的形式，从而能够较为综合、全面地考查学生在促成阶段所学的内容、语言形式和话语结构的应用效果。口语作业评价的标准如下：

表6-1 口语评价表

Dimensions	Specifications	Scales				
Content	1. relevant to the topic 2. well-developed with logic 3. use of idiomatic English expressions	1	2	3	4	5
Vocal Rendering	1. standard pronunciation & natural intonation 2. proper pitch & volume 3. moderate speed	1	2	3	4	5
Manners	1. use of proper body language 2. use of proper business etiquette	1	2	3	4	5

第四节 “产出导向法”在大学英语口语教学中的应用

长久以来，我国大学生的英语口语表达能力一直是一个困扰我国大学英语教师的问题。多数大学英语口语课堂上，教师以讲授口语技巧为重点，希望通过反复的口语输出训练，提高学生的口语表达能力。目前，笔者通过对本校英语专业学生的口语能力测试后，得出他们的口语能力主要存在以下问题：词汇匮乏、知识面窄、观点缺乏深度和创新性、表达不够流畅、句子和段落之间的衔接手段使用不当等。通过课堂听课、问卷访谈，笔者认为这些口语问题与课堂教学模式密切相关，主要表现在：

1.课堂教学模式主要以教师讲授为主，无法落实“以学生为中心”的教学理念。因受到课程学时数的限制，学生在课堂内的输出训练时间明显不足，教师也无法给学生的口语产出提出有针对性的建议，导致口语训练的成效不显著。再者，因缺乏训练，学生在正式场合进行口语表达时容易紧张、缺乏自信，无法产生有效的口语交际。

2.课堂教学内容侧重以英语语法、语音与句式为主的语言要素运用能力。教师没有创设与单元主题相关的语境，训练学生在真实的交际语境下学会运用语言，导致课堂的“学”和真实语境中的“用”缺乏相互练习，“学用分离”的现象比较严重。

3.教师未能给学生的口语产出任务提供充分、有效的“脚手架”。作为语言学习者，学生在句子表述方式、文章结构、观点拓展方面缺乏相关的知识储备，因此需要教师通过对具体案例的分析，讲解技巧，否则学生难以在口语能力上获得明显的进步。

针对以上问题，笔者认为“产出导向法”为大学英语口语教学改革指明了方向。因此，本节从“产出导向法”入手，根据目前英语专业口语教学的现状，尝试对口语课堂的教学模式进行改变，以输入促成为主要教学目标，以求做到要促成学习发生，必须做到“学中用、用中学，学用结合”，即输入性语言学习和产出性语言运用的紧密结合。

一、课程介绍

《英语口语（三）》的开课对象为英语专业二年级学生，课程开设时间是第一学年的第三学期，每周 2 学时，课程总学时为 32 学时，每单元计划学时为 4 学时。课程总体目标如下：

1.细读原著，理解中国

引导学生通过深入阅读与中国国情和社会发展相关的语篇，掌握其基本观点和内在逻辑，理解中国理论与中国实践。倡导语言与内容融合发展的教学理念，通过课堂热身活动提供丰富的案例、数据与形式多样的教学活动，加深学生对中国理论与中国实践的理解和认识。

2.产出导向，讲述中国

以任务为导向，通过主题内容学习和演讲技能训练，搭建脚手架帮助学生完成具有挑战性的口头产出任务。注重培养学生的跨文化思辨意识，提高用英语讲好中国故事的能力。

3.合作探究，融合发展

贯彻“学习中心”的教学理念，注重指导学生在课前检索相关文献，查找中国治理实例，理解和阐释课文内容。通过多样化的课内课外、线上线下小组学习活动，引导学生在研讨与合作探究中提升英语表达与沟通能力，促进演讲能力、思辨能力、研究能力和创新能力的融合发展。

二、 单元教学目标

单元教学选取的是外语教学与研究出版社出版的《理解当代中国英语演讲教程》中的 Unit 1 Making People’s Life Better，单元主题围绕“Chinese Dream”展开。单元内容包含四个部分：Warming-up, Understanding Contemporary Public Speaking以及Making Your Voice Heard。本单元采用线上和线下混合教学的形式，共计4课时完成单元教学，其中线上教学2课时，线下教学4课时。单元教学目标包括：

(一) 知识目标

1. 掌握中国梦的内涵意义，并了解如何实现中华民族伟大复兴的中国梦。

2. 掌握与中国梦与中国成就相关的重点词汇和句子表达方式。

3.理解并掌握英语演讲中四个技巧：tellingstories，makingacomparison，being alert and sensitive to the cultural factors，supporting ideas with abundant evidence。

（二）能力目标

1.通过理解中国梦的内涵意义，能在口语表达中流畅阐述中国梦的文化内涵以及中国所取得的成就。

2.通过对文章的剖析，能深入探讨在实现中国梦过程中青年一代所担当的历史重任。

3.通过掌握例证法的使用技巧，能熟练将之用于口语产出任务中，支撑自己的观点，增强说服力。

三、单元教学组织流程

在单元教学的组织过程中，我们根据产出导向法中的驱动—促成—评价三个阶段设计教学环节，以实现“学用结合”的教学理念，促进学生口语能力的提升。单元教学设计具体步骤如下表所示：

Session 1: 线下教学（2课时）

教学步骤	设计理念与思路
课前:导入和预热 布置学生提前观看“CHINADAILY”推出系列短视频《70秒·看见中国》，并记录中国所取得的伟大成就。 布置学生查阅资料，了解“中国梦”提出的背景，并搜集实现中国梦的人物故事。	1.通过课前视频观看和查阅资料，起到导入和预热作用，初步引起学生对单元主题“Chinese Dream”的关注。 2.通过分组讨论进一步加深学生对中国梦提出背景和内涵意义的理解。

续表

教学步骤	设计理念与思路
课中： 1.组织学生分组讨论（5~6人为一组），以小组为单位分享课前所记录的各种中国成就以及观看心得。讨论结束后，每组派出一名代表成员进行总结陈述。 2.学生以小组为单位，交流对“中国梦”的理解，并分享典型人物故事。交流结束后，教师选出2~3名学生分享交流。 3.创设交际情境，以国际青年论坛为交际情境，布置产出任务1： Give a 5-minute speech on the responsibilities of the young Chinese generation at the International Youth Forum. Your speech will center on the responsibilities of the young in the great cause of national rejuvenation. 要求学生以演讲者的身份，在国际青年论坛讲述中国青年一代如何实现中华民族伟大复兴的中国梦。要求学生录制演讲短视频，并在学习通中提交。 **课后：** 教师对学生提交的口语演讲进行初评。	3.以产出导向法的教学理念为指导，实施教学的“驱动”环节，通过呈现交际情境，布置学生完成口语产出任务1：就“中国青年一代如何实现中华民族伟大复兴的中国梦”这一话题进行5分钟的演讲。学生在尝试完成该交际任务过程中，意识到在内容拓展和观点论证方面存在一定的难度，从而产生“饥饿感”，这也成为学生学习后续内容的动力。

Session 2：线下教学（1课时）

教学步骤	设计理念与思路
课前： 1.布置学生阅读单元两篇文章：Realizing Youthful Dreams和The Chinese Dream is the People’s Dream。 2.教师对学生提交的演讲视频进行初评后选取其中的典型作业作为课堂教学分析的语料之一。 **课中：** 1.教师说明教学目标和产出任务，展示学生演讲视频作业基本情况并作总结和评价。 2.通过剖析两篇范文中的观点和演讲技巧的使用，加深学生对中国梦内涵意义的理解，并结合学生口语作业的典型案例进行分析，指出其中存在的不足指出，并鼓励学生能将例证法用于口语交际中。 3.在分析和评价的基础上布置学生对第一次完成的演讲作业进行改进，进行二次提交。 **课后：** 学生根据教师和同学的建议，改进演讲内容，并重新录制短视频进行二次提交，教师设计口语演讲评价表，为二次评价做好准备。	1.完成产出任务1的促成阶段。通过对课文主题的进一步挖掘，引导学生充分理解什么是中国梦和如何实现中国梦。 2.通过对课文中所使用的演讲技巧进行分析，如telling stories，making a comparison，being alert and sensitive to the cultural factors，supporting ideas with abundant evidence，再结合学生口头作业中的典型例子进行点评和讲解，并掌握例证法使用技巧和效果，并尝试在交际中进行运用。 3.课中，学生演讲作业评价以师生合作评价的方式开始，教师带领学生对典型作业展开评价，并提出建议。

Session 3: 线下教学（1课时）

教学步骤	设计理念与思路
课前: 教师发放口语评价表，基于评价表向学生解释评价标准，对学生进行分组，布置小组评价任务。 **课中:** 1.学生对二次提交的演讲视频进行自评，自评的重点在于：通过学习四个演讲技巧后，与第一次的演讲相比，第二次提交的口语作业主要作了哪些改进？ 2.学生基于评价表对二次提交的Oral Presentation开展生生互评。 3.教师选择3~5份学生二次提交的作业作为典型案例，进行分析。 4.教师对所有学生的作业做出终评。 **课后:** 布置产出任务2: Suppose you're the Publicity Ambassador of your hometown. Please make a 5-minute speech to talk about the changes that have taken place in your hometown.	1.完成产出任务1的评价环节，采用学生自评、生生互评和教师评价相结合的评价方法，重点关注学生两次演讲作业之间的差距，考察是否通过学习促成阶段掌握了演讲技巧，并能在交际活动中较为自如地运用。 2.学生在对作业修改和评价的过程中，对单元主题——“中国梦”的感知和理解得到进一步深化。 3.布置产出任务2，有利于帮助学生将本单元所学的演讲技巧融会贯通，将“学”与“用”紧密结合，有效促进学生口语表达能力的提升。

四、单元教学评价

本单元教学评价采用师生合作评价，包含教师线上、课堂评价、生生互评等多元评价方式对学生整个学习过程中的线上线下讨论、口语作业、等各种学习活动的成果进行整体评价，不但让教师和学生都参与到学习评价的过程中，而且以互联网、移动学习技术、智能评价、大数据等为代表的信息技术为解决传统教学评价的弊端提供了强大的技术支持，能够对学生的学习轨迹和学习表现进行科学、合理、有效的分析，从而保证对学生的学习成果做出更为全面、客观的评价，实现教学评价对教学修正的反拨作用。其中生生互评内容见表6–2：

表6–2 口语评价表

Dimensions	Specifications	Scales				
Content	1. relevant to the topic 2. well-developed with logic 3. use of idiomatic English expressions	1	2	3	4	5
Vocal Rendering	1. standard pronunciation & natural intonation 2. proper pitch & volume 3. moderate speed	1	2	3	4	5
Manners	1. use of proper body language 2. being properly dressed	1	2	3	4	5

第五节 “产出导向法”在大学英语精读教学中的应用

传统的精读课堂教学主要以讲授课文为主，忽视语言的使用。教师力图面面俱到，将重点放在词汇、语法、难句的讲解以及文章结构和作者写作意图的分析上，但是教师的“教”并不等于学生的“学”，学生的学习效果无法得知。在有课时有限的情况下，这种做法最大弊端是过分强调语言陈述性知识的传授，而忽视了语言的使用，缺乏将陈述性知识转化为程序性知识的环节，不能培养学生的产出能力和交际能力。因此，为了改变这种教学效率低下的现状，笔者从2017年起尝试将产出导向法应用于英语专业精读课程中，以内容为依托，以产出为导向，以任务为驱动，线上依托在线学习平台、移动端学习平台开展学生自主学习，线下课程实施主要聚焦搭建脚手架，培养学生语言应用、批判性思维、分析和解决问题能力，帮助学生完成具有一定挑战性的产出任务，有效促成学生语言知识的习得、语言技能的增强、语言应用能力的提升以及核心价值观的塑造。

本节内容以英语专业精读课——《综合英语（二）》中的第八单元为例，旨在解决如下问题：如何将“产出导向法”这一创新理论融入到大学英语教学实践中去？在课堂实践中会出现怎样的困难或矛盾？教学效果能否达成预期的教学目标？学生会给予怎样的评价和反馈？基于“产出导向法”教学理论体系，笔者以《综合教程2》中的第八单元为例，通过详细阐述该单元的课程设计流程，摸索出将产出导向法应用于大学英语精读课堂教学的方法和原则，切实提高学生英语应用能力，思辨与创新能力以及自主学习能力。在课程教学过程中，主要是依照产出导向法中的驱动—促成—评价这三个环节进行教学设计和实践。（如下图所示）

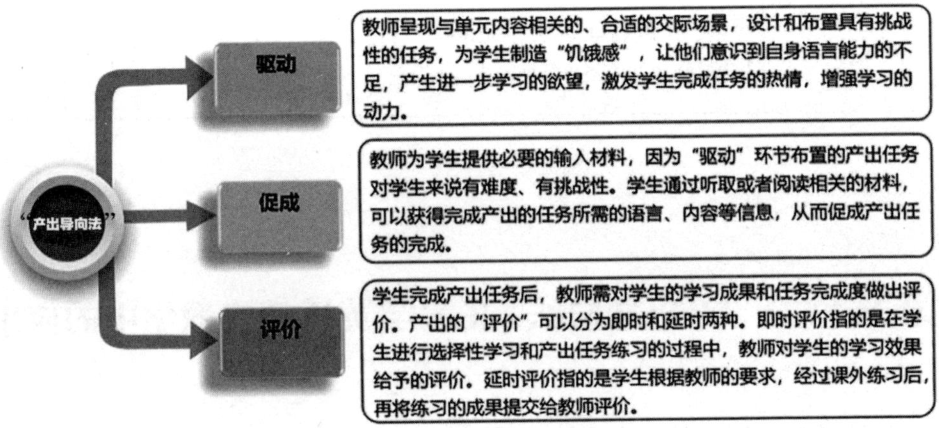

图6-3 “产出导向法”教学环节

一、课程介绍

《综合英语（二）》课程面向英语师范专业一年级开设，开课时间为第二学期，课程总学时为64学时，每周4学时，每单元计划学时为8学时（线上3学时+线下5学时）。课程总体目标如下：

（一）知识目标

夯实英语语言基础，掌握基础语言知识（语音、词汇、语法、篇章、语言功能、语用等）和基本语言技能（听、说、读、写、译），培养运用英语进行交际的能力（口头和书面），帮助学生达到英语专业四级大纲制订的目标和要求，为进入高年级的语言学习打下扎实的基础。

（二）能力目标

在听、说、读、写、译各项语言技能上得到综合、全面的发展，提升英语的综合运用能力和产出能力，具备良好的语言交际和跨文化交际能力。掌握科学的学习方法，树立积极进取的学习态度，培养合作能力、逻辑思维能力和创新思维能力。

（三）素质目标

树立正确的世界观、人生观和价值观，培养社会责任心和爱岗敬业的基本职业素养。在扎实语言运用能力的基础上，拓宽知识面，增强对母语文化和他者文化差异的理解，培养文化思辨能力，提高跨文化素质。

（四）德育目标

课程的德育目标融合在素质目标中，与语言目标和能力目标构成一体，实现专业教育的协同育人功能，可分为三个主要方面和层次：

1.思想道德素质层面：引导学生树立正确的世界观、人生观和价值观，树立社会主义核心价值观，培养社会责任心。

2.职业素质层面：遵守职业规范，培养爱岗敬业的基本职业素养。

3.跨文化素质层面：通过学习了解中西方国家社会、历史、文化、文学、艺术、政治、经济、科技、体育、环境保护、风土人情等各个领域的百科知识，在提升知识水平的同时，树立正确的历史观、民族观、国家观和文化观，进而能够客观、理性、全面地以国际视野看待中国与世界的关系，清晰认识中国在当今世界格局与全球治理体系中的地位与作用，同时增强文化敏感度，培养文化思辨能力，并提升讲好中国故事，传播好中国声音的跨文化交际能力。

二、单元教学目标

单元教学选取的是上海外语教育出版社出版的《综合教程2》（第二版）Unit 8，单元主题主要围绕“Global Warming”展开，分析全球变暖原因和后果，呼吁人类采取有效措施拯救地球。单元有2篇课文，Text I Focus on Global Warming和Text II The Vallain in the Atmosphere。教学内容以Text I为主，Text II则作为补充阅读。本单元采用线上和线下混合教学的形式，共计8课时完成单元教学，其中线上教学3课时，线下教学5课时。单元教学目标包括：

（一）语言目标

1. 分析并掌握文章的主旨和基本框架。

2. 掌握并运用文章重点词汇和语法结构。

3.辨析并掌握运用文章的主要修辞手法：如metaphor，parallelism，personification等。

4.学习并运用文章的劝说性技巧，如contrast, rhetorical devices以及facts & figures，并在单元产出任务中学以致用。

（二）育人目标

1.增强环境保护意识，具备环境保护的基本知识，能够辩证性地分析环境问题产生的原因并提出解决措施。

2. 树立人与自然的和谐观，认识到人归根结底是自然的一部分。

3.理解中国应对环境问题、建设生态文明的基本立场和态度，能理解国家所倡导的“绿水青山”论。

4.能够对中国在治理环境问题上从自身国情出发、因地制宜的中国智慧进行思辨并作出阐释。

三、单元教学组织流程

Session 1: 线上教学（1课时）

教学步骤	设计理念与思路
课前： 导入和预热：布置学生提前观看全球变暖的纪录片《难以忽视的真相》。 **课中：** 线上组织学生进行分组讨论，以小组为单位搜集资料并讨论全球变暖的原因、后果以及解决措施。 创设交际情境，环保俱乐部开展环保研讨为交际情境，布置产出任务1： Suppose you're the Environmental Protection Ambassador of your hometown, please make a persuasive speech on garbage sorting. Upload your speech video onto the Super Star online platform. 要求学生发表劝说型演讲，倡议大家积极践行垃圾分类，并将Oral Presentation录制成短视频在班级群进行线上提交。 以微课的形式初步介绍课文的背景知识，布置学生进行预习，对文章的主题、主旨大意和文章结构进行思考。 **课后：** 教师对学生提交的Oral Presentation进行初评。	通过视频材料进行导入和预热，初步引起学生对全球变暖问题的关注。 通过分组讨论进一步引导学生关注环境问题，意识到环境问题的严峻，增强环境保护意识。 以产出导向法的教学理念为指导，实施教学的“驱动”环节，通过呈现交际情境，布置学生完成产出任务1：发表劝说型演讲，倡议大家积极践行垃圾分类。学生尝试完成该交际任务，在此过程中意识到用英语劝说大家做好垃圾分类并非易事，从而产生“饥饿感”，进而产生一种学习的压力和动力。 通过微课形式让学生在阅读和理解课文之前初步了解相关背景知识，完成图式构建，为进一步的学习做好准备。

Session 2：线下教学（1课时）

教学步骤	**设计理念与思路**
课前： 以微课形式介绍6种常见的英语修辞手法，包括simile,metaphor, irony, hyperbole, parallelism和personification，教师在班级群中为学生答疑解惑。 教师对学生提交的Oral Presentation进行初评后选取其中的典型作业作为课堂教学分析的语料之一。 **课中：** 教师说明教学目标和产出任务，展示学生Oral Presentation的作业基本情况并做总结和评价。 通过课文实例分析课文的劝说性技巧（persuasion skills），并结合学生Oral Presentation的典型作业进行分析，引导学生学习和掌握描写劝说性技巧，并能在交际中实际运用。 在分析和评价的基础上布置学生对第一次完成的Oral Presentation进行改进，进行二次提交。	完成产出任务1的促成阶段。通过对课文中使用的劝说性技巧（如感官描写、对比法等）进行分析，再结合学生口头作业中的典型例子进行点评和讲解，让学生充分理解三个劝说性技巧的使用技巧和效果，并尝试在交际中进行运用。 完成产出任务1的第一次评价，主要以教师评价为主。 让学生在尝试完成产出任务1的过程中不仅增强环境保护意识，而且能准确、灵活运用劝说性技巧呼吁大家践行垃圾分类。 通过对课文主题的理解和进一步挖掘，引导学生思考人与自然之间的关系，树立人与自然的和谐观。

续表

教学步骤	设计理念与思路
以问题为导向，引导学生分析课文的主题，同时引导学生对课文的主题内涵进一步挖掘，反思人与自然的关系，并通过视频材料进一步了解中国在解决全球变暖问题时体现出来的大国担当和中国智慧。布置产出任务2：要求学生以“Global Warming and Chinese Wisdom”为主题，选择适当的切入角度，完成一篇200~300词的写作任务。 **课后：** 学生在班级群对改进后的Oral Presentation重新录制短视频进行二次提交，教师设计Oral Presentation评价表，为二次评价做好准备。	通过视频材料的学习，能够让学生理解“绿水青山”论，把握中国建设生态文明，解决环境问题的基本立场，对运用中国智慧解决全球变暖问题有所了解，树立中国智慧解决环境问题的信心，并能够以口头或书面的形式用英语对此进行基本阐述。 产出任务2是本单元的复习性任务，要求学生于课后完成，将于单元教学后期实施评价。

Session 3: 线上教学（1课时）

教学步骤	设计理念与思路
课前： 教师发放Oral Presentation评价表，基于评价表向学生解释评价标准，对学生进行分组，布置小组评价任务。	1.完成产出任务1的评价环节，采用学生自评、小组合作评价和教师评价相结合的评价方法，重点关注学生两次Oral Presentation之间的差距，考察是否通过学习促成阶段掌握了劝说性技巧，并能在交际活动中较为自如地运用。

续表

教学步骤	设计理念与思路
课中： 学生对二次提交的Oral Presentation进行自评，自评的重点在于：通过学习了劝说性技巧后，与第一次的Oral Presentation相比，第二次提交的Oral Presentation主要做了哪些改进？ 学生基于评价表对二次提交的Oral Presentation开展小组合作互评。 教师对二次提交的Oral Presentation进行终评。 **课后：** 布置学生对课文做深度阅读，关注课文写作技巧和篇章架构。	2.通过小组合作评价，促进学生合作学习能力的发展。 3.学生在对作业修改和评价的过程中，对环保问题的感知和理解得到进一步深化。

Session 4: 线下教学（1课时）

教学步骤	设计理念与思路
课前： 通过线上学习平台收集学生关于课文篇章结构、写作技巧等方面的疑难点，厘清下一轮教学的重难点，为接下来的教学做准备。	贯彻“产出导向法”的教学理念，用过提供恰当的输入材料，促成产出。根据学生的英语水平，需要教师充分发挥“脚手架”作用，引导学生逐步对课文的文本材料进行处理。这一阶段教学重点是内容和话语结构的输入促成。带领学生进行课文文本阅读和分析，提取课文的文本结构，通过讨论和信息归纳，概括文章的主旨大意。通过词汇使用特征和关键句信息的抓取，推断作者的基本观点和态度。

续表

教学步骤	设计理念与思路
课中： 对文章结构进行深入分析，引导学生掌握课文中心大意，理解作者的基本观点和态度。 带领学生学习和分析文章中的写作手法，把握文章的整体文体特征。 学习文章使用的常用修辞方法，并能够在交际中恰当地运用。 **课后：** 学生完成产出任务2的作文第一稿，在批改网上提交，教师结合批改网平台对学生的作文第一稿进行初评。	结合课文实例分析文章的写作技巧，如描写、说明、议论的整合运用，文章段落的衔接连贯以及修辞手段的适当使用，帮助学生提取完成产出任务必要的内容和话语结构。这一阶段教学要求学生完成产出任务2的作文第一稿，可初步了解学生在该阶段学习后在何种程度上具备完成产出任务的能力。同时学生在完成作文写作的产出任务过程中进一步对中国环境问题进行审视和思辨，立足中国国情看待中国的环境问题，形成客观的态度和观点。

Session 5: 线上教学（1课时）

教学步骤	设计理念与思路
课前： 将课文需要学习的重点词汇和语法提前布置给学生，让学生通过查词典和资料进行初步的学习。 **课中：** 以微课的形式让学生学习课文的重点词汇和语法知识。 学生把在学习过程中遇到疑难点记录下来，线上进行留言。	这一阶段的教学仍然是促成环节，以课文为主要输入材料，促成学生语言形式的产出。教学重点放在语言表达形式的学习上，其中包括能够为产出任务服务的单词、短语、句型和语法知识。

续表

教学步骤	设计理念与思路
课后： 布置学生准备词汇和语法测试。 布置学生修改产出任务2的作文第一稿。	学生在这一阶段需对作文第一稿进行修改，在修改的过程中既是对语言知识和技能的应用，也是锻炼思维，不断深化思考的过程，对中国的环境问题的认识会得到进一步加深。

Session 6: 线下教学（1课时）

教学步骤	设计理念与思路
课前： 教师收集学生在学习上的疑难点，厘清下一轮线下教学的重难点，为接下来的教学做好准备。 **课中：** 有重点、针对性地对学生在词汇和语法学习上遇到的疑难点进行线下答疑。 利用学习通线上学习平台对学生词汇、语法知识掌握程度进行测评。 **课后：** 布置学生在学习通平台完成单元的课后练习，教师检查练习完成情况，并对学生在练习中遇到的疑难点进行线上答疑。 要求学生提交产出任务2的作文第二稿。	这一阶段的教学仍然是语言形式输入促成环节的延伸，教师根据线上学习的反馈了解学生选择性学习的效果，根据重难点进行讲解，进一步帮助学生掌握重点的词汇和语法知识。教师可以适当设计产出练习如短语填空、造句、口头翻译等，指导学生循序渐进，由浅入深进行产出练习，并采用线上测试的方法及时对学生的学习情况进行评估。在学习的过程中，学生关于环保问题的语言知识和百科知识会得到拓展，有助于更好地完成产出任务。

Session 7：线下教学（2课时）

教学步骤	**设计理念与思路**
课前： 教师收取学生提交的产出任务2的作文第二稿，选取其中的典型作文2~3篇，对典型作文进行评估和修定，设计Essay Writing的评价表和有关练习，为开展师生合作评价做好准备。 **课中：** 师生共同学习评价表，了解评价标准，教师布置评估的要求和步骤。 完成“师生合作评价”典型作文的任务，学生先进行独立评价，再开展对子讨论，然后参与全班的交流和讨论。 教师带领学生完成设计的练习，强化重点语言形式的掌握程度。 **课后：** 学生根据“师生合作评价”过程中教师的修改要求进行作文的第三次修改，在批改网上提交第三稿进行评分。 教师对学生提交的作文第三稿进行抽查，总结学生修改情况及出现的问题，在线上平台进行交流，并选出优秀习作进行展示。	“产出导向法”课堂教学流程的最后一个环节是“师生合作评价”。师生合作评价的评价对象是先前教学环节中布置给学生课外完成的主题作文“Global Warming and Chinese Wisdom”。课前教师对典型作文样本进行详批，然后课内学生之间合作、教师与学生合作共同评价典型作文样本。课后还进行自评或互评，再辅以机器自动评分，最后教师通过普查和抽查相结合的方法全面了解教学目标的实现情况。在教师的专业引领下，学生边评边学、边学边评，打破“学”与“评”的界限，将评价作为学习的强化、深入阶段。师生合作评价促使学生更加积极活跃地参与到学习活动中来，，交流讨论培养思考和评判能力，通过独立对评价材料提出修改方案提升产品加工深度。在实际的操作过程中，教师通过练习的设计、交流讨论的引导，适时带领学生对中国环境问题进行深刻剖析，探讨中国生态文明建设的原因和举措，在发现问题—分析问题—解决问题的过程中实现价值引领。

四、单元教学评价

本单元教学的评价理念和评价方式与本课程的评价理念和评价方式保持一致，即以学生学习为中心，构建多元、立体的评价体系及时获得学生的学习反馈，修正教学，提升教学效果。

在本单元的教学设计中主要有三个环节的评价：

第一，对产出任务1的评价采用延时评价的形式，第一次Oral Presentation由教师进行初评，修改后第二次提交的Oral Presentation评价则采用学生自评+小组合作评价+教师终评的形式。评价标准如下：

表6-4 口语评价表

Dimensions	Specifications	Scale				
Content	1. relevant to the topic 2. well-developed with clear logic	1	2	3	4	5
Pronunciation & Intonation	1. standard pronunciation 2. natural intonation	1	2	3	4	5
Fluency	1. fluent expression 2. appropriate speed	1	2	3	4	5

第二，对单元学习的词汇和语法知识主要采用诊断性评价的形式，借助学习通线上学习平台发布测试，籍此获得学生学习情况的及时反馈。

第三，对产出任务2采用“师生合作评价”的评价方式。评价的对象是学生课外完成的写作产出任务，评价内容以单元教学目标为参照点，评价主体由学生、教师、机器自动评分系统构成，通过课内学生与学生、教师与学生的合作评价以及课外学生自评、互评、机器自动评分等其他补充评价形式，从而能够较为综合、全面地考查学生在促成阶段所学的内容、语言形式和话语结构的应用效果。对于写作任务，师生合作评价的标准如下：

表6-5 写作评价表

Dimensions	Specifications	Scales				
Content	1. relevant to the topic 2. with powerful argument	1	2	3	4	5
Language	1. use of idiomatic English expressions 2. use of various rhetorical devices 3. accurate grammar	1	2	3	4	5
Structure	1. well-organized structure 2. coherent with clear logic	1	2	3	4	5

单元教学在设计产出任务时采取由浅入深、循序渐进的原则，德育目标的达成融合在教学的产出任务中，在教学评价过程中可以通过观察法、访谈法等将对德育目标的评估巧妙地融合在语言知识和技能的评估过程中。例如，在产出任务1的完成和评价过程中，一方面，可以通过学生口头产出的作业观察学生是否具备环保意识，是否关注身边的环境问题；另一方面，通过引导学生细致深入地描述身边的环境问题，增强学生的环保意识。同时在评价过程中适当在讨论和交流中设计问题增进学生对环境问题的了解。比如，在学生描述家乡垃圾污染的问题时，可以适当提问关于垃圾分类的问题和知识，潜移默化地传递环保信息和知识的同时也能了解学生对该问题的关注度。同时，随着产出任务难度和深度的增加，学生对环境问题的思考能力也不断深化。在产出任务2的师生合作评价环节实施过程中，从内容、语言到语篇结构等各个方面引导学生对作文典型样本进行评价。从内容方面可以引导学生对中国智慧解决中国环境问题，构建生态文明进行交流、讨论和评价，如典型作文样本有没有充分阐述如何运用中国智慧应对中国环境问题，中国如何基于自身国情和发展实际建设生态文明，解决环境问题等。在这个过程中，教师可以对学生在中国环境问题和生态文明建设方面的立场、态度和价值观做出基本的评价和判断。

第六节　“产出导向法”在大学英语泛读教学中的应用

作为英语专业的一门核心课程，《英语阅读》与《综合英语》课程性质不同，《英语阅读》是英语泛读课程，旨在提高学生阅读能力和速度、训练学生阅读技巧、扩大学生词汇量、培养学生的跨文化交际能力以及提升学生的批判性思维能力等方面起着重要的作用。通过对本校英语泛读课程的随堂听课以及对师生的访谈和调查问卷，笔者发现本校英语泛读课程仍然采用传统的“灌输式”教学模式。教师采用与精读课类似的教学模式，即将大部分课堂时间用于讲解文章重难点词汇、句法结构、语篇结构和阅读技巧上，不能凸显泛读课程的特色和价值。而且受到课时数的限制（每学期32课时，每周2课时），教师未能按计划安排完成课程内容的教学。在此种“灌输式”教学模式下，学生只是“被输入”了知识，难以激发学生的学习兴趣和求知欲，更别提培养学生“学以致用”的综合语言运用能力。

鉴于以上提出的种种弊端，“如何有效地利用有限的课时，最大程度地提高学生的英语阅读能力，实现学生知识、能力、素养，尤其是思辨、创新等能力的培养成为一个值得长期探索的课题”。因此，产出导向法作为适合中国学情的教学理论体系，为促进英语泛读课程的教学改革指明了方向。接下来，本章节以产出导向法为指导原则，以《新交际英语阅读教程3》第八单元为例，将产出导向法教学流程的“驱动”“促成”和“评价”三个阶段应用于单元课程教学设计中，通过线上线下相结合的混合式教学模式，希望能激发学生的学习兴趣，提升英语泛读课程的教学效果，实现知识、能力、价值三个维度的育人目标，同时也能丰富产出导向法在英语专业类课程教学实践中的应用。

一、课程介绍

《英语阅读（二）》的开课对象为英语师范专业一年级学生，课程开设时间是第一学年的第二学期，每周 2 学时，课程总学时为 32 学时，每单元计划学时为 4 学时（线上 1 学时+线下 3 学时）。课程总体目标如下：

(一) 知识目标

1.通过阅读主题丰富多元的阅读素材，学生增长不同主题的词汇知识，如

advertising, sports, jobs, psychology, tourism, environment等。

2. 通过阅读文章，掌握各种阅读技巧和方法，如细读、略读、查读等。

3.通过阅读吸收和构建综合全面的知识体系，包括专业知识、学科知识、世界知识、文化知识、策略知识等。

（二）能力目标

1.通过阅读提升语篇鉴赏能力，在语篇层面上能够准确把握文章的语体风格，组织结构，段与段之间和句与句之间的逻辑关系，作者的观点及态度等。

2. 建立良好的阅读习惯，加强英语语感，养成有效阅读意识，锻炼欣赏性、研究性和批判性阅读能力。

3.掌握各种阅读技能和阅读策略，能够将阅读技巧应用于语言实践中，如口语和写作产出任务，逐步提高实际运用语言的能力。

4.通过阅读思辨培养推理、判断、分析、归纳和检验等相关逻辑思维的阅读思维加工能力，整体提升思辨能力。

（三）素质目标

1.渗透阅读的人文性，通过阅读感知、理解和鉴赏：提高思想道德素养，通过价值引领，引导学生树立正确的世界观、人生观、价值观，树立社会主义核心价值观，培养对自然和社会的责任感和爱岗敬业的基本职业素养。

2.促进科学和人文素养，让学生能够获得健康的审美情趣，培养探索创新的科学求知精神，拥有终身学习的愿望和能力，促进学生的不断自我发展、自我教育和自我完善。

3.提升跨文化素养，树立正确的历史观、民族观、国家观和文化观，拓展国际视野，清晰认识中国在当今世界格局与全球治理体系中的地位与作用，坚定“四个自信”，培养文化思辨能力，能够客观、理性、全面地理解和看待母语文化与他者文化的关系。

二、单元教学目标

单元教学选取的是《新交际英语阅读教程2》 Unit 8 Health and Medicine，具体的单元教学目标包括：

(一) 知识目标

1. 掌握与健康的生活方式有关的常用词汇和句子表达方式。

2. 学习和了解如何保持健康的生活方式。

3. 了解药物对身体的影响，知道药物治疗不能取代健康的生活方式。

(二) 能力目标

1. 能够识别文章的体裁，分析文章的组织结构。

2.能够运用阅读技巧快速获取文章信息，抓住文章的主旨大意，理解文章的主题。

3. 能够分辨文章的基调进而理解作者的态度。

4. 掌握议论文中的反驳技巧，并熟练运用于语言实践中。

(三) 素质目标

1.学会合理、辩证分析药物治疗对健康的影响，并通过提供充分有力的论据支撑自己的观点。

2.意识到健康生活方式的重要性，并在日常生活中践行健康的生活方式，促进身心健康。

三、单元教学组织流程

在单元教学的组织过程中，我们根据产出导向法的课前—课中—课后三个环节设计教学流程，实施线上线下混合式教学，单元计划学时为4，包括线上教学1学时和线下教学3学时。具体单元教学组织流程如下：

Session 1: 线上教学（1课时）

教学步骤	设计理念与思路
导入及预热 **课前：** 1.将学生随机按照 4~5 人分成小组，各小组推选出组长。 2.教师布置小组讨论任务：	1.通过分组讨论，激发学生对单元主题—健康的生活方式的学习兴趣，为接下来的学内容习打下基础。

续表

教学步骤	设计理念与思路
Group Discussion How to keep a healthy lifestyle? Draw a mindmap to illustrate your discussion results. Choose a representative to present your viewpoints. 学生以小组为单位探讨健康的生活方式有哪些，绘制思维导图，并要求每小组选出一名代表口头陈述讨论结果。 **课中：** 教师组织学生在腾讯会议上进行线上教学。 每个小组展示合作完成的思维导图，小组代表进行口头陈述。 教师评价总结小组任务成果，同时也要求各小组在学习通中完成互评。 **课后：** 要求每位学生以“How to Keep a Healthy Lifestyle” 为题提交一份口语视频作业，并在学习通中提交。	2.讨论以小组为单位，进行交流探讨，分工合作，完成思维导图，培养学生团队协作能力。 3.小组提交的口语任务由教师评价和小组互评共同进行评价，及时提供反馈给学生。 4.课后，通过听取各小组的口语陈述，要求每个学生针对同一话题再次录制口语视频，引起学生对健康生活方式的重视，并在日常生活中践行，促进身心健康发展。

Session 2：线下教学（1课时）

教学步骤	设计理念与思路
课前： 教师录制微课并上传到学习通中。 学生在学习通上完成微课学习，了解文章背景知识，包括作者基本信息、课文涉及的文化背景知识。	1. 通过微课的学习，学生能够了解文章写作背景以及作者的写作意图。

续表

教学步骤	设计理念与思路
学生预习本单元的两篇文章——“Pill-popping Replaces Healthy Habits”和“Is Sugar the New Tabacco”，了解其篇章结构，并完成相应的Reading Comprehension练习。 **课中：** 学生分组合作，概括文章的主题，每小组选出一名代表进行陈述和分享。 教师引导学生抓取段落关键词或者主题句，概括每段的段落大意，进而把握文章的整体组织结构，最后借助层次结构性思维导图向学生展示文章框架结构。 教师讲解Reading Comprehension中的题目，帮学生答疑解惑。 布置单元产出任务：Are drugs good or bad for our health? Concerning the impact of drugs, there are two opposing opinions. The pharmaceutical companies claim that drugs are produced for the health of people and for prevention and treatment of diseases. However, others claim that it will promote the drug abuse and over-reliance on drugs as well as other problems, so in the long run, the drugs are bad for our health. What’s your viewpoint upon the use of drugs? **课后：** 学生在批改网中提交写作任务初稿。	2.在课文阅读教学中，总体采用自上而下的教学策略，引导学生在预习的基础上分析文章整体结构，概括段落大意，进而把握文章主旨大意，帮助学生从宏观上理解文章结构，培养他们语篇意识和语篇分析能力。 3.布置单元产出任务，要求学生以“Are drugs good or bad for our health?”为题，完成一篇写作任务，表明立场，并阐述观点，支撑自己的论点。学生在完成该任务过程中，会意识到自身知识储备的不足，产生“饥饿感”。

Session 3：线下教学（1课时）

教学步骤	设计理念与思路
课前： 以学习通中微课的形式让学生学习课文的重点词汇和语法知识。学生把在学习过程中遇到疑难点记录下来，教师进行线上的答疑解惑。 将批改网中的批改意见反馈给学生，讲解分析作业中的选词、语法以及衔接手段问题。 **课中：** 讲解单元文章中写作技巧—Refutation的用法,并进行实例分析。 教师展示3~5份的典型学生范文，引导全班学生就文章结构方面对学生范文进行师生合作评价，并提出建议。 **课后：** 要求学生根据课中教师和同学提出的建议，修改产出的写作任务，完成二稿并在学习通中提交。	通过微课2的学习，学生掌握与单元主题相关的词汇用法，以及长难句的句型结构，为单元产出任务提供词汇方面的“脚手架”作用。 通过讲解Refutation的使用技巧，能在论点阐述方面为学生提供“脚手架”。 学生作业采用机器批改，针对学生提交作业中的选词、语法、衔接词、文章结构方面提出修改建议。 通过课堂上典型作业的分析，学生能充分意识到自己的文章在哪些方面需要改进，为二稿的修改提供方向。

Session 4：线下教学（1课时）

教学步骤	设计理念与思路
课中： 教师阐述本次课的教学目标，并说明评价标准，发放写作任务评价表，组织学生对同伴的作业进行互评。	1.说明写作评价表中的评分标准，避免学生进行“无效评价”，进而保证评价的公平、公正。

续表

教学步骤	设计理念与思路
教师介绍二稿作业完成的基本情况并作总结和评价，展示3~5份学生的二稿作业，与学生共同合作评价典型作业，尤其是文章中refutation技巧的使用。 **课后：** 学生再次修改写作任务，在超星学习通提交三稿。 教师对学生的写作任务做出总评，作业最后的的评价总分由三个部分构成：机器评价（20%）+生生互评（30%）+教师评价（50%）。	2.结合学生视频作业中的典型例子进行点评和讲解，让学生充分理解和领会如何合理、有效使用refutation技巧； 3.产出任务的二稿的评价以“生生互评+师生互动评价”方式进行 。通过多元化评价主体、多样化的评价方式更科学、全面检测学生对写作技巧的吸收内化效率。

四、单元教学评价

传统的英语阅读教学评价环节还存在一些不足，如缺乏对阅读作业或测试完成情况的有效监督、检查和跟踪，对成绩的评定往往基于单一的阅读型考试，无法反映学生的综合能力，教学评估促进学生学习的作用也不明显。因此，教在课程评价中尽量改革传统的单一评价形式，从评估形式的多元化、评估参与者的多元化和评估工具及内容的多元化三个方面构建多元化教学评估体系，采用过程性评价，以期能全面真实地评估学生的学业成就，促进学生的全面发展，并为教学的修正和改进提供有效的反馈信息。

基于此，单元教学评价以学生学习为中心，注重对学生学习过程的评价，将过程性评价贯穿单元教学的始终，争取在各个教学环节都有针对性的有效评价形式，通过多元化的教学评价体系充分反映学生学习的真实效果，及时获得学生的学习反馈，从而促使不断改进教学，提高教学成效。总的来说，单元教学评价采用教师评价、小组评价、生生互评、学生自评和自动评价等多元评价方式对学生整个学习过程中的线上线下讨论、作业、测验等各种学习活动的成果进行整体评价，不但让教师和学生都参与到学习评价的过程中，而且还能将信息技术应用于教学中，解决传统教学评价的弊端，也能够科学、合理、客观地分析、衡量学生的学习成效，实现教学评价对教学修正的反拨作用。

此外，在单元教学评价中，语言知识和技能的评价可以显性为主，育人目标的评价则以隐性为主。育人目标的实现可以采用行为表现评估方式，在评价中实现语言与育人的融合。行为表现评估，又叫真实评估，是指在学生生活和学习的情景里，通过对学生完成实际作业表现的观察，依靠教师的专业判断，对学生学业成就进行整体判断的教学评估方式。单元教学中将育人思政点与教学主题融合，创设真实的问题情景，布置学生从事一些需要高层思考或问题解决技能的任务，对学生在学习过程中所反映出的情感、态度、策略以及一些高层的反思能力、合作能力、解决问题能力、创新能力等进行综合、客观、准确的评价。

第七节 “产出导向法”在大学英语写作教学中的应用

目前高校大学英语写作教学模式缺乏创新性，基本是教师讲解文章结构写作技巧，让学生不断练习。这一模式主要是以教师讲授为主，学生被动接受，导致学生的写作能力提升的效率低下。产出导向法是针对传统教学中“先输入，后输出”以及“学用分离”的弊端，提倡“输出—输入—输出”的教学步骤和“学用一体”的教学理念。这一理论强调语言学习要以输出来驱动，输出既是语言学习的驱动力，也是语言学习的目标。在输入材料的选择上，为了鼓励学生主动参与写作过程，要注意挑选对输出有用的部分进行学习，即“学用一体”。

因此，笔者认为可以将产出导向法的理论假设应用于写作教学的实践研究，以产出为驱动，输入促成产出，强调学用一体，力争改进大学英语写作的教学效果。接下来，本节内容以《英语写作教程》中的第三单元为例，以产出导向法为理论依据，详细阐述写作课程的教学设计原则和实施步骤，探讨产出导向法在写作课堂中的有效性。

一、课程介绍

《英语写作》课程面向英语专业二年级学生开设，开课时间为第三学期，课程总学时为32学时，每周2学时，每单元计划学时为4学时。课程总体目标如下：

（一）知识目标

1. 了解写作的主要文体类型及其特征。

2. 了解中西方文化在思维和写作手法方面的异同。

（二）能力目标

1.通过掌握写作的主要文体类型，能熟练运用各种体裁进行规范的书面表达。

2.能熟练掌握并运用常见的英语修辞手法，以实现准确、有效的英文交流目的。

3. 培养思维条理性，锻炼分析、归纳和概括能力。

（三）素质目标

1.布置的写作任务与当下的热点时事话题相关，培养学生的辩证性思维能力。

2. 通过分组讨论和小组合作评价，培养学生的团队协作能力和合作精神。

二、单元教学目标

单元教学选取的是外语教学与研究出版社出版的《英语写作手册》（第三版）第五章中的Argumentative Writing。单元内容包括英语议论文的定义、特征以及结构。本单元采用线上和线下混合教学的形式，共计4课时完成单元教学，其中线上教学2课时，线下教学4课时。具体教学组织流程如下：

单元教学目标包括：

（一）知识目标

1. 掌握英语议论文体裁的特征和基本结构：title — introduction — body — conclusion。

2. 掌握在文章主体部分为论点提供证据的七种常用写作技巧。

3. 了解ChatGPT的发展历程及其利弊。

（二）能力目标

1. 熟练掌握议论文体裁的结构特征，并将之应用于写作产出任务中。

2. 学会灵活运用七种常用写作技巧在阐述、论证自己的观点。

3. 学会辩证分析AI智能机器ChatGPT的利弊。

(三) 育人目标

1. 锻炼辩证性思维和创新性思维，学会用全面、科学的视角分析问题。

2. 从分组讨论和小组互评活动中，提高团队协作能力，增强合作意识。

三、单元教学组织流程

Session 1: 线下教学（2课时）

教学步骤	设计理念与思路
课前： 布置学生搜集关于ChatGPT的资料。 布置学生观看学习微课1：General Structure of Argumentative Writings 布置写作产出任务：My View on ChatGPT 产出任务要求每位学生以并ChatGPT为研究对象，完成一篇议论文，发表对ChatGPT的看法，字数为250~300个单词，作文提交到批改网中。 **课中：** 组织学生以小组为单位，分享并阐述英语议论文的主要组成部分，即Introduction—Body Paraphrahs—Conclusion。 对照议论文框架结构，分组讨论分析单元写作范文—Abraham is a Special Person to Study中的引言、主体和结尾部分。	1.课前，以产出导向法的教学理念为指导，实施教学的“驱动”环节，通过呈现交际情境，布置学生完成产出任务1：以My View on ChatGPT为题，完成一篇250~300个单词的疑问轮。学生在尝试完成该产出任务的过程中会遇到难题，如该说什么，怎么说，从而产生“饥饿感”，进而产生一种学习的压力和动力。 2.通过课前视频材料的学习和课中的小组分享，学生初步了解英语议论文的基本结构框架。

续表

教学步骤	设计理念与思路
将批改网中的批改意见反馈给学生，讲解分析作业中的选词、语法以及衔接手段问题。 教师展示3~5份的典型学生范文，引导全班学生就文章结构方面对学生范文进行师生合作评价，并提出建议。 **课后：** 要求学生根据课中教师和同学提出的建议，修改产出的写作任务，完成二稿并在学习通中提交。	3.课中，通过对范文结构的分析，加深学生对议论文的主体结构的理解和认知。 4. 学生作业采用机器批改+教师批改的形式相结合，针对学生提交作业中的选词、语法、衔接词、文章结构方面提出修改建议。

Session 2：线下教学（2课时）

教学步骤	设计理念与思路
课前： 教师对学生提交的二稿进行初评后选取其中的典型作业作为课堂教学分析的语料之一。 教师设计写作评价表，为二次评价做好准备。 布置学生观看学习微课2： How to Support an Argument。	完成产出任务的再次促成阶段。通过微课2的学习和对单元范文中论点支撑方法的剖析，为学生的产出任务的修改润色提供更加充分有力“脚手架”。

续表

教学步骤	设计理念与思路
课中： 组织学生以小组为单位，归纳总结微课中议论文中论点阐述的策略:by giving definition; by giving relevant and accurate reasons; by giving examples; by giving a quotation, by comparison and contrast, extension & explanation, by sorting。通过沟通交流，加深学生对论点阐述的各种策略方法的理解。 分组讨论，教师指导各小组对照议论文框架结构，详细剖析单元写作范文——Abraham is a Special Person to Study主体段落中的所使用的论点阐述方法。 教师说明产出任务和评价标准，发放写作任务评价表，组织学生对学生作业进行互评。 教师介绍二稿作业完成的基本情况并作总结和评价，展示3~5份学生的二稿作业，与学生共同合作评价典型作业。 **课后：** 学生再次修改写作任务，在超星学习通提交三稿。 教师对学生的写作任务做出总评，作业最后的的评价总分由三个部分构成：机器评价（20%）+生生互评（30%）+教师评价（50%）。	接着，结合学生视频作业中的典型例子进行点评和讲解，让学生充分理解和领会如何写好议论文。 写作2稿的评价以“机器评价+师生互动评价”方式进行 。通过多元化评价主体、多样化的评价方式更科学、全面检测学生对议论文写作技巧的吸收内化效率。

四、单元教学评价

本单元教学评价以过程性评价为主，贯穿整个单元教学过程，有效监控学生的学习成效。教学评价方式呈现多元化，强调学生在教师提供充分的“脚手架”作用下，逐步改进写作产出任务质量，提高学生的议论文写作能力，进而提升教学成效。教学评价主要包括以下三种方式：

（一）写作任务的初次评价采用机器评价+师生合作评价相结合的方式。学生在批改网上提交写作任务，批改网对学生作文自动进行评分，并标出作文中用词不当、语法错误的地方，方便学生对作文中的语言方面的问题进行修改。接着，就文章结构框架方面，教师与学生共同合作，剖析评价3~5份的学生范文。

（二）写作任务的二次评价采用生生评价+师生合作评价相结合的方式，评价主体为教师和学生。首先，教师发放写作任务评价表（如下表所示），要求同伴之间根据评价清单相互评价。接着，就论点支撑手段方面，教师与学生共同合作评价3~5份学生范文，详细分析评价典型作业中，学生使用何种策略支撑自己的论点。

表6-6 写作评价表

Dimensions	Specifications	Scales				
Content	1. relevant to the topic 2. with powerful argument	1	2	3	4	5
Language	1. use of idiomatic English expressions 2. accurate grammar	1	2	3	4	5
Structure	1. use of introduction-body-conclusion structure 2. coherent with clear logic	1	2	3	4	5

（三）写作任务的三次评价采用机器评价（20%）+生生互评（30%）+教师评价（50%）相结合的方式，从而能够较为综合、全面地检测在促成阶段关于议论文篇章结构、论点支撑手段的内容学习对产出任务的促进效果。

参考文献

[1] 曾大立.信息化教育与英语教学[M].北京：九州出版社，2018.

[2] 程彩兰，韩彦林.基于“产出导向法”的大学英语信息化教学效能研究[M].沈阳：东北师范大学出版社，2017.

[3] 杜秀莲.大学英语教学改革新问题新策略[M].济南：山东大学出版社，2011.

[4] 方芳，夏蓓洁.能力本位、输出驱动与英语专业课程群建设[J].山东外语教学，2010,(3)：3-8.

[5] 侯海冰.当代高校英语信息化教学改革研究[M].北京：北京工业大学出版社有限责任公司，2021.

[6] 黄荣怀.移动学习——理论•现状•趋势[M].北京：科学出版社，2008.

[7] 贾国栋.计算机辅助语言教学理论与实践[M].北京：高等教育出版社 2007.

[8] 金陵.翻转课堂与微课程教学法[M].北京：北京师范大学出版社，2015.

[9] 林立，王之江.自主学习在英语教学中的应用[M].北京：首都师范大学出版社，2005.

[10] 刘雍潜.基于信息技术的教学新模式研究[M].北京：中央广播电视大学出版社，2006.

[11] 刘雍潜.信息技术环境构建与教学应用[M].北京：中央广播电视大学出版社，2009.

[12] 刘长江.信息化语境下大学英语课堂生态研究[M].北京：世界图书北京出版公司，2014.

[13] 罗毅，蔡慧萍.英语课堂教学策略与研究方法[M].武汉：华中科技大学出版 社，2011.

[14] 孟丽华，武书敬.网络环境下大学英语教师专业素质发展研究[M].北京:外语教学与研究出版社，2015.

[15] 苏勇等.数字化外语教学研究[C].北京：北京航空航天大学出版 社，2009.

[16] 孙启美.信息化的教育技术与模式[M].长春：吉林人民出版社，2004.

[17] 唐君.高校英语信息化教学研究[M].北京：中国国际广播出版社，2018.
[18] 王鹤.教育信息化背景下大学英语自主学习探索[M].北京：经济管理出版社，2016.
[19] 王继新，左明章，郑旭东.信息化教育理念、环境、资源与应用[M].武汉：华中师范大学出版社，2014.
[20] 王继新.信息化教育概论[M].武汉：华中师范大学出版社，2006.
[21] 王立非，梁茂成.计算机辅助第二语言研究方法与应用[M].北京：外语教学与研究出版社2007.
[22] 王琦.信息技术环境下的外语教学研究[M].北京：中国社会科学出版社，2006.
[23] 王青逯.教育信息化理论研究与实践探索[M].长春：吉林人民出版社，2007.
[24] 魏向君，周亚莉，杨丽丽.信息技术与英语教学[M].兰州：甘肃民族出版社，2007.
[25] 吴超.现代教育技术走向信息化教育[M].呼和浩特：远方出版社，2007.
[26] 许智坚.多媒体外语教学理论与方法[M].厦门：厦门大学出版社，2010.
[27] 严明.大学英语自主学习能力培养模式研究[M].哈尔滨：黑龙江大学出版社，2009.
[28] 于永昌，刘宇，王冠乔.大数据时代的教育[M].北京：北京师范大学出版社，2015.
[29] 张豪锋.教育信息化与教师专业发展[M].北京：科学出版社，2008.
[30] 张红玲等.网络外语教学理论与设计[M].上海：上海外语教育出版社，2010.
[31] 张丽霞.产出导向法视域下的大学英语教学研究[M].北京：经济管理出版社，2019.
[32] 张文娟.学以致用用以促学——产出导向法“促成环节的课堂教学尝试”[J].中国外语教育，2015，（4）：10-17.
[33] 张喜华，郭平建.信息化背景下大学英语教学改革研究[M].北京：北京交通大学出版社，2017.
[34] 钟泽洲.大学英语信息化教学模式[M].长春：吉林出版集团股份有限

公司,2018.
[35] 周春萍.英语教学新视界教育技术在课程中的应用[M].南宁•.广西人民出版社，2004.